BURGER GRILLEN.
FÜR ECHTE KERLE.

OTUS Lifestyle

INHALT

VORWORT

Ist es nicht erstaunlich, was so alles zwischen zwei Brötchenhälften passt? Eine lange Tradition und unzählige Mythen. Die verschiedensten Geschmäcker – von saftig und deftig bis hin zu edel und exotisch. Vor allem aber steckt zwischen Fleisch, Gurken und Soßen eine Lebensart. Und die trifft wirklich jedermanns Geschmack: Der Hamburger steht wohl für die unkomplizierteste Art des Essens. Eine Leichtigkeit, die gleichermaßen Freude und satt macht – und sowohl Familien als auch reine Männerrunden in geselligem Beisammensein an den Tisch bringt. Zahlreiche „Burgerexperten“ haben den kunstvoll zubereiteten Burger zu einer Art Religion erhoben und versuchen, sich gegenseitig mit den besten Rezepturen zu übertrumpfen. Und selbst Spitzenköche haben den Hamburger veredelt und auf die Karten ausgewählter Restaurants gesetzt. Vor allem aber ist einer für den Siegeszug des Hamburgers verantwortlich: Sie, lieber Hobbygriller. Denn nirgendwo wird man diesen amerikanischen Fleischbrötchen mehr gerecht als unter strahlendem Himmel und über sengender Glut. Gegrillte Burger sind die besten Burger. Davon muss man wohl niemanden überzeugen. Wir tun es aber trotzdem. Viel Spaß und vor allem guten Appetit auf den folgenden Seiten!

EINLEITUNG

Neu ist das Geschäft mit dem schnellen Bulettenbrötchen auf die Hand zwar nicht, die berühmten Fast-Food-Ketten, deren Markenzeichen der schnelle, aber nicht unbedingt immer gesunde Hamburger ist, mussten in den letzten Jahren jedoch rückläufige Umsätze verzeichnen. Doch dass die leckeren Buletten im Brötchen nicht mehr so stark gefragt sind, liegt keinesfalls daran, dass sie den Kunden nicht mehr schmecken. Sogar das Gegenteil ist der Fall: Hamburger, Cheeseburger und wie ihre saftigen Kollegen noch alle heißen, sind heute beliebter denn je. Und genau das ist auch der Grund, weshalb die Fast-Food-Ketten nicht nur mit wachsender Konkurrenz durch unzählige neueröffnete Burgerrestaurants kämpfen müssen, sondern ihnen auch der Kunde selbst immer öfter den Rang abläuft.
Denn der Trend geht klar zum DIY-Hamburger – mit guten, frischen Zutaten selbst gegrillt. Und zwar am liebsten von Männerhand. Denn die Herren der Schöpfung haben in den letzten Jahren nicht nur ihre Liebe zum Kochen, sondern auch zur ursprünglichsten aller Zubereitungsarten entdeckt. Oder besser wiederentdeckt. Denn seit der Erfindung des Feuers ist das Rösten von Fleisch unter freiem Himmel wohl die maskulinste Art des Kochens.

HANSEATISCH ODER AMERIKANISCH?

Bevor es der Hamburger an die heimischen Herde und vor allem Grills geschafft hat, musste er eine lange Historie und diverse Meinungsverschiedenheiten durchlaufen. Ob als Klopse, Frikadellen, Buletten, Fleischpflanzerl oder Faschierte Laibchen – dass gebratene oder gegrillte Fleischbällchen in unserer Küche eine lange Tradition und überregionale Verbreitung haben, ist unbestritten. Zum Hamburger wurden sie jedoch erst, als sie zwischen zwei Brötchenhälften geklemmt und mit Soße, Gurken, Zwiebeln und Salat angerichtet wurden. Wann dies zum ers-

ten Mal geschah, bleibt jedoch ein bis heute ungelüftetes Mysterium, um das sich die unterschiedlichsten Theorien ranken. Gleiches gilt vor allem auch für den Ursprung des Namens. Was dieses urtypisch amerikanische Gericht mit der nördlichsten aller deutschen Großstädte zu tun hat, ist bis heute nicht abschließend erklärbar. Urgermanische Burgerfans bestehen auf der Version, nach der hanseatische Auswanderer den Fleischklops zwischen zwei Brötchen als kulinarischen Trend in den USA eingeführt haben sollen. Die amerikanische Konkurrenz hingegen kontert mit der Theorie, dass sich das Wort „Hamburger" aus der Vorsilbe „Ham" ableiten lässt. Und „ham" steht im Englischen für Schinken. Wie sich der Gedankensprung von Schinken zu Rinderhack bewältigen lässt, bleibt dabei allerdings ebenso offen wie die tatsächliche Historie des Hamburgers.

VON FAST FOOD ZU FEINKOST

Doch eingefleischten Burgerfans kommt es ohnehin nicht so sehr auf die Theorie an. Woher ihr Lieblingsfleischbrötchen seinen Namen hat, ist ihnen weniger wichtig als sein Geschmack – und neuerdings auch sein soziales Ansehen. Denn Burger haben inzwischen ihr Billigimage entstaubt und in jüngster Vergangenheit nicht nur eine kulinarische Weiterentwicklung erfahren, sondern sogar einen regelrechten Trend ausgelöst. Egal ob Luxusrestaurant oder Imbissbude – Burger sind derzeit in aller Munde. Dabei erweitern nicht nur bestehende Restaurants und Imbisse ihre Karten um die trendigen Fleischklopse im Brötchen, es sprießen vor allem auch immer mehr spezialisierte Burgertempel wie Pilze aus dem Boden. Mit wachsender Beliebtheit ist dabei auch der Variantenreichtum des amerikanischen Fast-Food-Klassikers gewachsen. Ob Burger mit Blauschimmelkäse, Vollkornburger oder asiatischer Chilliburger – zu den handelsüblichen Ham- und Cheeseburgern haben sich unzählige neumodische Varianten gesellt. Der Fantasie sind dabei keine Grenzen gesetzt: Erlaubt ist, was schmeckt – vor allem, wenn es nicht nur lecker, sondern auch ausgewogen ist.

Inzwischen machen deshalb ernährungsbewusste Burgerspezialitäten den Klopsklassiker zum gesunden und modernen Slow Food. Darunter sind sogar vegetarische oder vegane Burger zu finden. Als sogenannte Besserburger haben sich daneben auch solche Fleischbrötchen durchgesetzt, die das saftige Imbissurgestein zur luxuriösen Delikatesse werden lassen. Für den Aufstieg des neuen „Burgertums" ins Luxussegment wird vor allem mit exklusiven Fleischsorten wie dem Wagyue-Rind oder speziellen Edelbeigaben wie Trüffel oder Kaviar gearbeitet.

ROST ODER PFANNE?

Ob in der Luxusversion, als vegetarisches Slow Food oder aber in der selbst gemachten Variante aus der heimischen Küche – die Brugerfans stehen vor einer echten Gretchenfrage: Wird ein guter Burger gegrillt oder gebraten? Die Antwort ist nicht nur Geschmackssache, sondern auch eine Entscheidung des Aufwands. Tatsächlich ist es am ursprünglichsten, wenn der Burger auf dem Grill zubereitet wird. Sind es doch gerade die feurigen Röstaromen, die dem Hamburger sein unvergleichlich rauchiges Aroma schenken. Ursprünglich sprach für das Burgergrillen zudem die Tatsache, dass sich über dem Grill extrem heiße und punktgenaue Garpunkte erreichen ließen. Denn die feurige Hitze macht den Burger außen schön knusprig, während er innen locker und saftig bleibt. Inzwischen sind moderne Herde jedoch längst nicht mehr so träge in ihrer Temperaturentwicklung wie noch vor einigen Jahren. Vor allem mit Induktionsgeräten lassen sich ebenfalls exakte Garpunkte erreichen und mit einer speziellen Grillpfanne kommt man einem Burger ziemlich nah. Für die Zubereitung auf dem Grill steht unterm Strich aber eben nicht nur sachkundiges Kochwissen, sondern vor allem ein Gefühl. Über dem rauchenden Feuer gegrillt – während man ein kühles Getränk in der Hand hält und den freien Blick auf den Himmel genießt – wird der Burger nicht einfach nur zum saftigen Fleischgericht, sondern zum kleinen Abenteuer mitten im Alltag.

Bei schlechtem Wetter: aus der Pfanne

Traditionell gehören Hamburger auf den Grill. Regnet es jedoch draußen in Strömen oder man hat schlichtweg keine Lust zum Grillen, sind Folgendes die besten Tipps für das Burgerbraten in der Pfanne:

Gusseiserne Grillpfanne: Um einer Zubereitung auf dem Grill möglichst nah zu kommen, verwendet man zum Braten eines Burgers am besten eine spezielle Grillpfanne. Ihr längsgestreifter Rost sorgt nicht nur für die typische Zeichnung auf dem Burgerpatty, sondern durch ihre Reliefierung auch dafür, dass Wasser und Fleischsaft abfließen können und das Fleisch wirklich knusprig brät und nicht im eigenen Saft köchelt. Idealerweise ist die Pfanne aus Gusseisen hergestellt. Das macht das Modell nicht nur sehr langlebig, sondern ermöglicht auch eine hohe Hitzeentwicklung und eine punktgenaue Dosierung der Temperatur.

Langsam warm werden: Selbst die heißeste Pfanne nützt nichts, wenn man darin ein zu kaltes Burgerpatty braten will. Hat das Bratgut eine zu geringe Temperatur, verringert sich dadurch auch die Temperatur der Pfanne und das Fleisch köchelt vor sich hin, anstatt scharf anzubraten und so seine außen knackige und innen saftige Konsistenz zu bekommen. Lassen Sie das Fleisch also am besten vor dem Braten etwa eine Stunde bei Raumtemperatur ruhen.

Schön scharf anbraten: Trauen Sie sich ruhig, mit hohen Temperaturen zu arbeiten. Vor allem, wer sein Fleisch innen noch schön saftig oder sogar ein wenig rosa haben möchte, muss mit viel Hitze braten. Dafür geben Sie einen guten Schuss neutrales Pflanzenöl in die Pfanne und stellen den Herd auf die höchste Stufe. Ist die Pfanne heiß, wird das Fleisch hineingegeben und einige Minuten gebraten. Erst wenn es sich leicht und fast selbstständig vom Pfannenboden lösen lässt, wendet man das Patty. Die zweite Seite benötigt dann etwa nur noch ein Drittel der bisherigen Garzeit. Auf ähnliche Weise gehen Sie vor, wenn Sie Ihr Fleisch gleichmäßig durchgebraten essen möchten. Auch dann arbeiten Sie mit hoher Temperatur, wenden das Fleisch aber in kurzen, regelmäßigen Abständen.

Erst braten, dann würzen: Weil Gewürze und vor allem Salz dem Fleisch wertvolle Feuchtigkeit entziehen können und es damit trocken und zäh werden lassen, sollten Sie niemals vor dem Braten würzen. Stattdessen Salz, Pfeffer und nach Belieben getrocknete Gewürze erst auf das fertig gebratene Fleisch geben.

GUTER BURGER – SCHLECHTER BURGER

Zugegeben: Hamburger haben nicht gerade den allergesündesten Ruf. Untersucht man die soßengetränkten Fleischbrötchen diverser Fast-Food-Ketten genauer, entsteht der ungesunde Ruf des Hamburgers auch nicht unbedingt zu unrecht. Doch was dabei nur die wenigsten wissen: Es ist nicht unbedingt das Fleisch, das der Nährwertskala ein Schnippchen schlägt. Denn in der Regel wird Hamburgerfleisch aus einem großen Anteil Rinderhack, einer vergleichsweise mageren Fleischsorte, hergestellt. Um etwas mehr Geschmack zu erzeugen, wird lediglich zu einem geringen Anteil von rund 20 Prozent eine fetthaltigere Fleischsorte beigemischt. Denn Fett ist ein wichtiger Träger von Geschmacksstoffen und Aromen. Dass man Fette nicht in übermäßigen Mengen konsumieren sollte, ist allgemein bekannt. Die überschaubare Fettration, die sich im Burgerfleisch versteckt, ist jedoch kein grundsätzlicher Gesundheitskiller. Es sind vielmehr die oft unterschätzten versteckten Zuckerfallen, die dem Hamburger seinen ungesunden Ruf verleihen. Sowohl im typischen Hamburgerbrötchen, dem sogenannten Bun, als auch in den verschiedenen Soßen und im Ketchup kann ein großer Anteil an Zucker enthalten sein. Der Grund für den Zuckerüberschuss liegt auf der Hand: Zucker intensiviert den Geschmack der übrigen Aromen. Zudem schüttet der Körper beim Verzehr von Zucker Glückshormone aus, weshalb wir regelrecht süchtig nach zuckerhaltigen Speisen werden. Besonders gemein ist dabei, dass es beim Hamburger in der Regel nicht nur die Soßen, der Ketchup und das Brötchen sind, die Zuckerfallen darstellen, sondern dass auch die obligatorischen Gurkenscheiben in einer Essigmischung mit einem recht hohen Zuckeranteil eingelegt sind.

Der Zucker ist für die Gesundheit nicht nur deshalb schädlich, weil er sich bei übermäßigem Genuss als ungeliebtes Polster über dem Hosenbund bemerkbar macht, sondern vor allem auch, weil er ernsthafte Belastungen für die Vitalfunktionen des Körpers bewirken kann. Diabetes ist nur eine der möglichen Folgen. Zucker wird zudem nachgesagt, dass er sämtliche Alterungsprozesse des Körpers begünstigt, den Zähnen schadet, Heißhungerattacken fördert und sogar belastend auf das Herz-Kreislauf-System wirken soll.

SELBST ENTSCHEIDEN!

Doch auf den herzhaften Genuss verzichten müssen Burgerfans deshalb noch lange nicht. Sogar das Gegenteil ist der Fall: Wer den Hamburger nicht als ungesundes Konsumgut, sondern als selbst gemachtes Produkt aus der eigenen Küche genießt, kann selbst entscheiden, wie sehr er dabei sündigen will – oder eben nicht.

Denn an sich kommen durchaus wertvolle Zutaten in den Burger: Fleisch, Tomaten, Salat, Gurken und Zwiebeln sind wichtige Nährstofflieferanten. Wie man die restlichen Burgerzutaten auswählt, liegt bei jedem selbst. So sind auch Ketchup oder Soßen nicht grundsätzlich als gesundheitsschädlich zu verteufeln. Neben der Dosierung ist hierbei auch die Art der Zubereitung entscheidend. Wer sich etwas Gutes tun will, geht mit diesen Beigaben nicht nur sparsam um, sondern stellt seine Burgersoßen ebenfalls in Eigenregie her. Auf diese Weise hat man es selbst in der Hand, welche Mengen an Zucker – und auch welche natürlichen oder künstlichen Zusatzstoffe – auf den Teller kommen. Das Gleiche gilt auch für die Wahl des Buns. Moderne Burgerkreationen arbeiten beispielsweise mit Vollkornbrötchen, um ausgewogenere Varianten zu schaffen. Aber auch, wer auf das klassische Milchbrötchen nicht verzichten will, kann selbst dafür sorgen, dass der Genuss nicht allzu ungesund ausfällt. Denn bei selbst gebackenen Buns entscheidet der Hobbybäcker selbst, mit welchen Zuckermengen er arbeiten will.

Und schließlich sollte man auch nicht vergessen: Burgergrillen steht nicht jeden Tag auf dem Plan – da kann man sich schon einmal etwas gönnen und nach Herzenslust zugreifen.

BITTE MIT FRITTEN!

Der Klassiker, der zu einem echten Burger gehört, sind Pommes frites. Die frittierten Kartoffelsticks mit Salz und Ketchup runden einen guten Hamburger erst so richtig ab. Aber auch hier sollten sich Burgerfans nicht allzu schnell festlegen. Ebenso wie die Burger haben auch die frittierten Kartoffeln in den letzten Jahren einen Wandel erlebt, der nicht nur das Geschmackserlebnis umfangreicher, sondern in einigen Fällen auch gesünder hat werden lassen. So sind neben die typischen Pommes neue schmackhafte Konkurrenten wie Süßkartoffelpommes, Potato Wedges, warme Kartoffelchips oder sogenannte Rustic Fries, also Pommes mit Naturschale, getreten.
Und auch hier gilt: Grundsätzlich ungesund ist kein Lebensmittel. Auch klassische Pommes und sämtliche neu kreierte Varianten sind per se weder Dickmacher noch Gesundheitskiller. Und auch hier kommt es auf die verzehrte Menge sowie vor allem auf die Art der Zubereitung an. Wer hier selbst

Vom Klops zum Kunstwerk

Weil das Auge bekanntlich mitisst, gibt es unzählige Möglichkeiten, den Hamburger ansehnlich anzurichten und ihn damit zum echten Trend-Food zu machen. Folgendes sind einige „Stylingtipps“ für den perfekten Burger:

Schön spießig: Besonders wenn man nicht nur mit einem Patty, sondern gleich mit mehreren arbeiten möchte, türmt sich der Hamburger oft in schwindelerregende Höhen auf, in denen er kaum noch Halt findet. Aber nicht nur um dem fertigen Grillkunstwerk mehr Standfestigkeit zu geben, sondern auch, um das Gesamtkunstwerk hübscher aussehen zu lassen, stechen einige Köche ein Steakmesser mitten in den Burger. Alternativ kann man auch mit Cocktailspießen oder langen Holzstäbchen arbeiten.

Klein, aber fein: Aus der schicken französischen Küche stammt das Prinzip des Minimalismus in der Küche. Weniger auf dem Teller sieht nach mehr aus. Eingefleischte Burgerfans mögen diesem Motto vielleicht skeptisch gegenüberstehen, sollten es aber durchaus auf einen Versuch ankommen lassen. Minihamburger, die maximal fünf Zentimeter Durchmesser haben, sind absolut schick und trendy. Vor allem als Vorspeise oder zum Probieren mehrerer Variationen eignen sich diese kleinen, nicht all zu sättigenden Portionen.

Freestyle: Welcher Belag auf den perfekten Burger gehört, ist Geschmacksfrage. Besonders wenn man Hamburger für Gäste grillt, sollte man sich also nach deren Vorlieben richten. Am einfachsten ist es dabei, sämtliche Hamburgerbeigaben und Soßen in kleinen Schälchen auf dem Tisch zu verteilen und den Gästen lediglich das gebratene Patty, garniert mit einem Zweig Petersilie, auf dem Teller zu servieren. Das sieht nicht nur minimalistisch gut aus, sondern ermöglicht auch jedem, seinen Burger nach eigenem Geschmack zu belegen. Zwei Fliegen, eine Klappe!

ans Werk will und auf seinen Körper achtet, kocht am besten mit geringen Salz- und Fettmengen. Pommes müssen beispielsweise nicht unbedingt frittiert werden. Die Zubereitung im Ofen ist schonender, braucht weniger Fett und gelingt ebenso gut. Kleiner Tipp: Wer Pommes, Wedges und Co. vor dem Verzehr auf einem ausgebreiteten Stück Küchenpapier abtropfen lässt, reduziert die Fettmenge. Das Papier saugt überschüssiges Fett auf, sodass zwar der Geschmack erhalten bleibt, die ungesunde Fettmenge sich aber reduziert.

DAS PERFEKTE BURGERBRÖTCHEN

Burgerkenner wissen: Wer mit viel Herzblut in der Küche und am Grill steht, um das perfekte Geschmackserlebnis zu kreieren, darf beim Burgerbrötchen nicht nachlässig sein. Und daher ist es für sie ebenso wichtig wie das Patty. Idealerweise ist es nicht knusprig hart, sondern so weich, dass es sich beim Hineinbeißen genussvoll an den Gaumen schmiegt. Leicht und fluffig soll es sein, damit es das Patty in sich einbettet und seinen Geschmack so voll zur Geltung bringt.

Dabei schmeckt es ein wenig süßlich und wird perfekt auf seinen fleischigen Belag abgestimmt. Zudem muss es auch etwas aushalten können, damit es unter dem Gewicht von Burger und Belag und unter dem Einfluss flüssiger Zutaten nicht durchweicht oder zerbricht. Die aufgestreuten Sesamkörner sorgen dann für den abrundenden Gaumenkitzel.
In der Praxis begegnen uns jedoch immer wieder trockene oder krümelige Brötchen, die oft zu labberig sind, um dem Hamburger seinen perfekten Rahmen

– und uns ein besonderes Geschmackserlebnis – zu schenken. Anspruchsvolle Burgerfans und Hobbygriller vertrauen daher oft nicht auf gekaufte Ware, sondern stellen sich selbst in die Backküche. Der Vorteil liegt auf der Hand: Man kann mit den Rezepten experimentieren, bis man das perfekte Rezept gefunden hat – und obendrein vor den Kumpels mit der handgemachten Eigenkreation ordentlich Eindruck schinden. Also nichts wie ran ans Werk!

Buns: kleines Brötchen

Der Begriff „Bun" stammt aus dem Englischen und steht für „kleines Brötchen". Der Teig eines Buns ähnelt dem, was wir als Milchbrötchen kennen. Er schmeckt typischerweise leicht süßlich, hat eine weiche Konsistenz und einen kurzen Biss. Geformt zu einem länglichen Brötchen, wird er oft auch für Hot Dogs verwendet.

ZUTATEN UND BASICS

Für die Herstellung eines Burger-Buns gibt es verschiedene Rezepte, sodass jeder Burgerliebhaber seine eigene Geheimrezeptur austüfteln kann. Ein einfaches Grundrezept für die perfekten Hamburger-Buns ist folgendes:

Zutaten (für 4 Burger-Buns):

200 ml Buttermilch
1/4 Würfel Hefe
320 g Mehl und etwas Mehl für die Arbeitsfläche
1 TL Salz
Sesamsamen nach Belieben

Zubereitung:

Zunächst wird die Buttermilch erwärmt, bis sie etwa handwarm und die Hefe darin aufgelöst ist. Nach und nach wird das Mehl eingerührt und mit der Küchenmaschine zu einem glatten Teig geknetet. Nun stäubt man etwas Mehl auf die Arbeitsfläche und knetet den Teig darauf per Hand gründlich weiter. Anschließend muss der Teig in einer mit Frischhaltefolie bedeckten Schüssel mindestens 1 Stunde ruhen. Den aufgegangenen Teig knetet man nochmals gründlich per Hand und arbeitet dabei das Salz ein. Nun wird der Teig in vier Portionen geteilt und zu runden Buns geformt. Wer mag, streut nach Belieben noch etwas Sesam auf die eine Bun-Hälfte, drückt diesen vorsichtig fest und backt die Brötchen bei 220 °C (Umluft: 200 °C) rund 13 Minuten.

VON SCHLANK BIS LIEBLICH

Auch beim Backen von Buns sind der Fantasie und dem eigenen Geschmack keine Grenzen gesetzt. Variieren kann man z. B. mit dem Grad der Süße. Durch die Beigabe von Buttermilch entsteht eine Süße, die mild und nur unterschwellig zu schmecken ist. Wer es etwas lieblicher mag, gibt dem Grundrezept einfach eine Prise Zucker hinzu. Versuchen Sie es auch einmal mit der Zugabe von Vanillezucker! Manche mögen diesen aromatischen Geschmack besonders gern. Wer seinen Burger mit frischen oder getrockneten Röstzwiebeln belegt, bringt damit bereits eine natürliche Süße in den Geschmack. Oft passen zuckerfreie Buns hierzu besser. Besonders modern und gesund sind vegane Vollkorn-Buns. Hierfür ersetzt man das Weizenmehl einfach durch ein hochwertiges Vollkornmehl und tauscht die Buttermilch gegen Sojamilch aus.

TIPPS UND TRICKS

Damit die Buns wirklich perfekt werden und sich von der labberigen Kaufware unterscheiden, sind ein paar Tricks nötig. Zum einen ist es entscheidend, auf welche Weise man den Teig in Form knetet. Zunächst knetet man ihn fest und lange durch, damit sich die eingeschlossene Luft so gut es geht verflüchtigt. Auch die Knettechnik beim Formen der Teigrohlinge ist von Bedeutung: Am besten werden die Teigkugeln per Hand immer wieder nach innen eingeschlagen, bis sich eine gleichmäßige Kugel formt. So entsteht auf der Teigoberfläche eine Spannung, die verhindert, dass die Buns flächig auslaufen und so zu einem platten Oval werden, das sich später kaum aufschneiden lässt.

Hamburgerexperten beherzigen noch einen weiteren Trick, der dafür sorgt, dass die Bugerbrötchen schön weich und fluffig bleiben. Dafür stellt man nach der Hälfte der Backzeit eine flache Schale mit Wasser auf den Boden des Ofens. Die aufsteigende Feuchtigkeit sorgt für eine watteweiche Konsistenz des Brötcheninneren und eine gleichzeitig stabile Außenhaut.

Damit diese weiche Beschaffenheit auch einige Zeit nach dem Backen nicht verloren geht, lässt man die Buns zunächst 10 Minuten auskühlen und gibt sie dann in einen fest verschlossenen Gefrierbeutel. So bleiben die Buns weich und lassen sich bereits am Vortag gut vorbereiten.

GUT GERÖSTET

Das Brötchen dient beim perfekten Hamburger nicht nur dem Geschmackserlebnis, sondern auch als Träger für Fleisch, Belag und Soßen. Aufgrund der fluffigen Konsistenz der Buns ist es dafür aber zwingend nötig, dass die Brötchenhälften vor ihrer Verwendung gut angeröstet werden. Das Rösten lässt die Oberfläche fester werden und verhindert so, dass sich die Brötchen mit Soße vollsaugen. Zudem entstehen geschmacksgebende Röstaromen und, wenn man die Brötchenhälften vor dem Rösten mit etwas Zucker bestreut, noch eine zusätzliche Süße.

Geröstet werden können die Buns entweder in der Pfanne oder auf dem Grill. Schneiden Sie sie dafür in der Mitte durch und legen Sie die Hälften mit der Schnittfläche nach unten auf den heißen Grill oder in die Pfanne. Damit das Bun gleichmäßig rösten kann, beschwert man es am besten mit einem dünnen Holzbrett. Nach ca. 2 Minuten sind die Buns perfekt geröstet und bereit für die Weiterverarbeitung.

Fantastisch farbig

Weil das Auge bekanntlich mitisst, experimentieren ambitionierte Hobbyköche immer öfter mit farbigen Buns. Beliebt sind Black Buns, bei denen Tintenfischtinte (sogenanntes Sepia) in den Teig gemischt wird. Am Geschmack ändert sich dadurch nichts, dafür an der Farbe. Wer es noch bunter haben will, kann auch Lebensmittelfarben mit in den Teig mischen. Hier sind der Farbenfreude keine Grenzen gesetzt. Ob Gold oder Lila, pastell oder grell: Erlaubt ist, was gefällt.

HERZSTÜCK: DAS PATTY

Das Patty ist quasi das Herz des Hamburgers. Klassischerweise ist es eine Art Hacksteak, das gegrillt wird und so seine rauchige Note erhält, die das Fleisch außen knackig und innen saftig werden lässt. Doch obwohl jeder einen perfekten Geschmack für sein Burger-Patty vor dem inneren Auge beziehungsweise Gaumen hat, scheiden sich bei der Frage, wie es zubereitet wird, noch immer die Geister.

PUR ODER GEMISCHT?

Allen Trends zum Trotz besteht der klassische Hamburger zu 100 Prozent aus Rinderhack. Diese Rezeptur ist nicht nur typisch, sondern hat auch den Vorteil, dass man den Hamburger guten Gewissens medium/rare, also im Inneren noch ein wenig rosa, essen kann. Bei der Verwendung von Schweinefleisch setzt man wegen der höheren gesundheitlichen Risiken eher auf ein vollständiges Durchgaren des Fleisches.

Jedoch gibt es auch immer wieder Stimmen, die behaupten, ein reiner Rinderhack-Patty werde beim Grillen zu trocken. Grundsätzlich lässt sich ein Austrocknen zwar durch die richtige Grillmethode vermeiden, jedoch ist es ebenso korrekt, dass ein Patty mit einem höheren Fettanteil stets eine Spur saftiger schmeckt als sein magerer Kollege aus reinem Rinderhack. Viele Hobbyköche verwenden daher ein Hackgemisch, das zu etwa 70 bis 80 Prozent aus Rinderhack und zu 20 bis 30 Prozent aus einem fetteren Fleisch besteht. Hierfür lässt sich Schweinefleisch verwenden. Wer bei Rind bleiben will, lässt sich am besten vom Fleischer ein kleines Stück Nacken durch den Fleischwolf drehen.

Qualitätstipp: Der Geschmack des Hamburgers hängt wesentlich von der Qualität des Fleisches ab. Wer sicher sein will, hier nur beste Ware zu verwenden, kauft beim Fleischer ein Stück Rinderfleisch im Ganzen und dreht es zu Hause selbst durch den Fleischwolf. Wichtig hierbei ist, dass Sie das Fleisch vor der Verwen-

dung mindestens eine Stunde ruhen lassen, damit überschüssiger Fleischsaft abtropfen kann.

BASICS UND BEIGABEN

Die klassische Rezeptur für ein Hamburger-Patty ist denkbar simpel: Für vier Portionen mischt man 640 Gramm Rinderhack mit einem Ei und würzt das Ganze mit einer Prise Pfeffer. Salz wird idealerweise erst nach dem Grillen auf das Fleisch gegeben, um ihm nicht unnötig viel Feuchtigkeit zu entziehen. Fertig ist das Patty!

Vor allem Puristen bevorzugen diese simple Zubereitungsvariante. Dabei gibt es unzählige Möglichkeiten, den Patty-Geschmack noch weiter aufzupeppen. Angefangen bei Knoblauch und Zwiebeln bis hin zu Gewürzen, die man unter das rohe Fleisch mischt. Besonders beliebt ist auch das Beifügen von Paprikapulver; es lässt den Geschmack etwas fruchtiger und süßlich werden. Auch Currypulver bringt einen neuen Geschmack in den bekannten Klassiker. Einige mögen auch Kräuter (z.B. Oregano oder Thymian). Ein weiterer Klassiker ist Worcestersoße, die dem Grundrezept eine peppige Note gibt. Soll der Burger hingegen exotischer schmecken, gibt es auch hier verschiedene Möglichkeiten. Beispielsweise geben einige Kochprofis einen Schuss Sojasoße an das Fleisch, um ihm damit einen asiatischen Touch zu verleihen. Sesamöl hat einen ähnlichen Effekt. Probieren Sie einfach aus, was Ihr persönliches Lieblingsgewürz ist.

WOHLGEFORMT: SO WIRD DAS PATTY RUND

Bei einem wohlgeformten Patty geht es keineswegs nur um die Optik – obschon bekanntlich das Auge stets mitisst und sich über ein hübsches, gleichmäßig geformtes Hacksteak zwischen zwei perfekten Brötchenhälften freut. Entscheidend ist die Form und Dicke des Patties aber vor allem für den Grillprozess. Denn je gleichmäßiger es geformt ist, desto gleichmäßiger wird es auch garen. Wichtig ist zudem die Dicke des Fleisches, um es innen saftig und außen schön knusprig zu bekommen. Als Faustregel empfehlen Profigriller eine Patty-Stärke von zwei Zentimetern. Ist das Fleisch dünner, läuft man schneller Gefahr, dass es beim Grillen trocken wird. Patties, die wesentlich dicker als zwei Zentimeter sind, drohen hingegen außen zu verbrennen, während sie im Inneren noch nicht richtig gar sind.

Um die perfekte Form zu erreichen, kann man auf unterschiedliche Weise vorgehen. Empfehlenswert ist die Verwendung einer speziellen Burgerpresse. Zwar lässt sich ein Patty auch von Hand formen, wirklich empfehlenswert ist dieses Vorgehen jedoch nicht, da das Ergebnis nur in den seltensten Fällen wirklich rund wird. Ein weiterer Vorteil einer immer gleichen Form und Größe ist es neben einem gleichmäßigen Garzustand, dass Sie schnell herausfinden werden, wie lang die für Ihren Geschmack ideale Grilldauer ist. Oft haben die Burgerpressen auch spezielle Reliefierungen, die dem Patty eine gemusterte Struktur geben. Dies sieht nicht nur hübsch aus, sondern sorgt auch dafür, dass Soßen und Gewürze sich gleichmäßig auf dem Fleisch verteilen.

BITTE NICHT DRÜCKEN!

Viele Hobbygriller wundern sich, dass sich ihre Patties beim Grillen in der Mitte nach oben wölben. Grund hierfür ist eine ungleichmäßige Hitzentwicklung. Als Gegenmaßnahme ist man automatisch verleitet, das Fleisch in der sich wölbenden Mitte mit einer Kelle oder Ähnlichem wieder platt nach unten zu drücken. Bitte tun Sie das nicht! Zum einen verhindern Sie damit nicht, dass sich das Fleisch erneut nach oben wölbt, zum anderen pressen Sie dadurch den Bratensaft aus dem Fleisch und riskieren damit, dass das Fleisch trocken wird. Wer eine Wölbung verhindern will, muss früher handeln. Und zwar beim noch rohen Patty. Drücken Sie in seiner Mitte mit einem Teelöffel vorsichtig eine kleine Kuhle ein. Diese verhindert nicht nur die später Aufwölbung, sondern kann nach Belieben auch mit Worcestersoße oder anderen Würzmitteln gefüllt werden, um dem Burger einen verfeinerten Geschmack zu verleihen.

AB AUF DEN GRILL!

Ist der Fleischrohling geformt, geht es ans Eingemachte. Jetzt wird gegrillt! Zunächst gilt es dabei, den Grill auf eine hohe Temperatur zu bringen. Hierbei ist es wichtig, mit großer Hitze zu arbeiten, um das Fleisch außen schön knusprig grillen zu können. Seien Sie keinesfalls zu ungeduldig und werfen Sie das Fleisch niemals auf einen Grillrost, der sich noch in der Aufwärmphase befindet. Das Fleisch grillt dann nicht, sondern köchelt und wird zäh. Das Arbeiten mit großer Hitze gilt übrigens auch dann, wenn Sie Ihren Hamburger innen nicht saftig, sondern gleichmäßig durchgebraten haben möchten. In diesem Fall wendet man das Fleisch lediglich öfter als in der vorgenannten Version. Ein Patty, das innen schön saftig sein soll, wenden Sie hingegen lediglich ein Mal. Legen Sie dafür das Fleisch auf den heißen Grill und warten Sie so lange, bis es sich von allein vom Rost löst. In der Regel vergehen dafür fünf bis sechs Minuten. Anschließend wird das Fleisch gewendet und auf der anderen Seite noch circa drei Minuten gegrillt. Fertig ist der perfekte Hamburger.
Für den Cheeseburger empfiehlt es sich, den Käse nach dem letzten Wenden auf das Patty zu legen. Welchen Käse man verwendet, ist reine Geschmackssache.

Rohe Patties einfrieren

Manche Köche empfehlen, die rohen Fleischfladen zunächst einmal einzufrieren, ehe man sie verwendet. Auf diese Weise soll das überschüssige Wasser beim Auftauen austreten und so verhindert werden, dass sich das Fleisch beim Grillen zusammenzieht. Doch egal, ob man den Fleischrohling in den Froster gibt oder direkt verwenden will – stets sollte man ihn vor dem Grillen auf Raumtemperatur kommen lassen, um das Grillergebnis so saftig und gleichmäßig wie möglich zu halten.

BELAG UND SOSSEN: DAS I-TÜPFELCHEN

Der Hamburger unterscheidet sich vom langweiligen Frikadellenbrötchen erst durch seinen schmackhaften Belag und die verschiedenen Soßen. Auch hier sind die Möglichkeiten vielfältig, sodass sich für jeden Geschmack das Richtige findet und für Abwechslung stets gesorgt ist. Was es in puncto Soßen und Belag alles zu beachten gilt, erfahren Sie im Folgenden.

GURKE & CO. – UNVERZICHTBAR

Als klassischer Belag dürfen ein paar eingelegte Gurkenscheiben, Tomaten und ein bis zwei Salatblätter nicht fehlen. Wie viel man von der jeweiligen Zugabe nimmt, ist dabei dem individuellen Geschmack überlassen. Wichtig ist es bei all diesen frischen Zutaten lediglich, darauf zu achten, dass sie nicht zu viel Feuchtigkeit abgeben. Zwar wird das Burgerbrötchen vor dem Belegen geröstet und seine Oberfläche damit geschlossen, sodass weniger Feuchtigkeit vom Bun aufgesogen wird. Dennoch bleibt seine Struktur insgesamt großporig und damit anfällig dafür, dass es sich mit Flüssigkeit vollsaugt. Vor allem Tomatenscheiben und Gurken sollten vor ihrer Verwendung deshalb ausreichend Zeit zum Abtropfen haben. Idealerweise geben Sie die Zutaten jeweils in ein kleines Sieb und lassen sie bei Raumtemperatur abtropfen. Wer möchte, kann die Tomaten vor dem Abtropfen auch ein wenig salzen – das fördert den Wasseraustritt. Das Salatblatt behält seine Feuchtigkeit in seiner knackigen Struktur. Hier gilt es lediglich, darauf zu achten, dass keine Wasserrückstände vom vorherigen Waschen an seiner Oberfläche haften.

ZWIEBELN: EIN STREITTHEMA

Dass man ein Aufweichen des Buns durch allzu feuchte Beläge möglichst im Vorfeld vermeiden sollte, leuchtet jedem ein. Keine Einigkeit hingegen herrscht unter Hamburgerfans, wenn es um die Verwendung von Zwiebeln geht. Denn nicht jeder mag dieses scharfe Gemüse. Und selbst wenn man sich für den Genuss von Zwiebeln entscheidet, bleibt fraglich, auf welche Weise das Lauchgemüse beim Burgergrillen Einsatz finden darf – im rohen, gerösteten oder gebratenen Zustand. Am ursprünglichsten ist wohl die Verwendung roher Zwiebelscheiben oder winzig kleiner Würfel. Kleiner Tipp: Je dünner und kleiner die Zwiebeln geschnitten werden, desto hintergründiger ist ihr Geschmack. Vorsicht vor einer Überdosierung! Zwiebeln sich auch nachhaltig sehr dominant im Geschmack, weshalb sie nicht nur die Aromen des restlichen Hamburger überdecken, sondern auch nachfolgende Speisen um den Geschmack bringen können.

Alternativ kann man Zwiebeln auch vor dem Verzehr kurz in einer Pfanne anschwitzen. Auf diese Weise wird ihr Geschmack weniger streng und scharf. Schwitzt man sie lang und vorsichtig genug an, entwickeln die Zwiebeln sogar eine süßliche Note, die sich perfekt der Süße des Burgerbrötchens anpasst und wiederum einen kulinarischen Gegenspieler zur Säure des Ketchup darstellt.

Zwei Scheiben Ketchup, bitte!

Wer es experimentell mag, der könnte sich für den neuesten Food-Trend aus den USA begeistern: Hier kommt Ketchup nicht mehr in seiner ursprünglichen flüssigen Form daher, sondern als Scheibe, die in Verbindung mit Wärme zu schmelzen beginnt. Eine tolle Erfindung, die auf jeder Party der Renner ist!

Als weitere Variante bietet sich die Verwendung von getrockneten Röstzwiebeln an. Auch sie haben eine süßliche Note und bringen durch ihre Trocknung zusätzlich noch eine aufregende Knusprigkeit in den Hamburger. Zwar kennt man Röstzwiebeln vor allem von Hot Dogs, aber auch unter Hamburgerfans sind die knackigen Zwiebeln sehr beliebt.

KETCHUP & CO.: ES DARF SAFTIG SEIN

Zu seinem wirklichen Höhepunkt und individuellen Geschmack findet der Hamburger allerdings erst durch die Verwendung von Soßen. Auf den klassischen Burger gehören Senf, Ketchup und ein Klecks Mayonnaise. Doch übertreiben Sie es nicht mit der Dosierung! Schließlich soll der Eigengeschmack des Pattys nicht erschlagen werden. Die genannten Soßenklassiker stehen allerdings nicht mehr allein da. Sie haben in den letzten Jahren Erweiterung um eine Bandbreiter neuer Soßen gefunden, die das Geschmackserlebnis immer aufregender werden lassen. Es lohnt sich, verschiedene Möglichkeiten auszuprobieren, um für Abwechslung auf dem Burgerbrötchen zu sorgen. Ob Currysoßen, asiatisch scharfes Wasabi, Pesto oder süßsaure Chutneys: Trauen Sie sich ruhig an extravagante Mischungen! Sie werden überrascht sein, welche Aromen alle hervorragend zum Hamburger passen!

DIE RICHTIGE REIHENFOLGE

Beim perfekten Hamburger zählt nicht nur, was man drauflegt, sondern vor allem auch, in welcher Reihenfolge man dies tut. Dies soll dafür sorgen, dass beim Hineinbeißen möglichst alles an seinem Platz bleibt und Geschmack sowie Konsistenz des Burgers stimmen. Folgendes Vorgehen ist dabei empfehlenswert: Zunächst werden die Brötchenhälften mit den gewünschten Soßen bestrichen. Auf die untere Bun-Hälfte legt man dann nach Belieben Zwiebeln und anschließend das Fleisch. Erst hierauf werden nasse Zugaben wie Tomaten- und Gurkenscheiben gelegt, die wiederum mit einem Salatblatt und der folgenden oberen Brötchenhälfte abgeschlossen und am Verrutschen gehindert werden.

STATT POMMES

Typischerweise gehören Pommes zum Hamburger! Nicht weniger typisch, aber weniger fettig sind Beilagen wie ein frischer grüner Salat oder Coleslaw, ein uramerikanischer Krautsalat. Zubereitet wird dieser ganz einfach. Man nimmt einen halben Weißkohl, zwei Möhren und eine halbe Zwiebel und häckselt alles mit der Küchenmaschine klein. Anschließend gibt man etwas Essig, einen Teelöffel Zucker und einen Schuss Sahne hinzu und vermengt alles gut.

MIT BESTECK ODER HÄNDEN?

Der Hamburger hat seinen Ursprung im Fast Food, weshalb man ihn klassischerweise mit der bloßen Hand verspeist. Inzwischen hat der Hamburger aber einen echten Imagewandel erlebt und Einzug in die sogenannte Slow-Food-Küche gehalten. Folgt man dieser Philosophie, wird der Burger nicht mit Eile, sondern mit Ruhe und Genuss gegessen. Entsprechend bieten die meisten Restaurants heute Besteck zu einem Hamburger an. Doch auch für alle Fingerfood-Freunde gibt es noch einen praktischen Tipp: Servieren Sie den Burger in einem Back- oder Butterbrotpapier. So behält man nicht nur saubere Finger, sondern fängt auch Beläge auf, die beim Abbeißen versehentlich herunterrutschen.

Und Prost!

Eine eiskalte Cola oder ein sahniger Milchshake sind traditionellerweise die flüssigen Freunde des Hamburgers. Und tatsächlich gesellen sich diese Getränke nicht ganz grundlos zum beliebten Fleischbrötchen. Denn süße Shakes oder Softdrinks nehmen die Süße auf, die sich in Brötchen und Ketchup widerspiegelt, und runden so das gesamte Geschmackserlebnis harmonisch ab. Zum sommerlichen Burgergrillen mit den Kumpels im Garten passt aber natürlich auch ein kühles Bier. Und wer es weniger kalorienreich mag, setzt auf erfrischende Schorlen.

KLASSISCH

MIT SAFTIGEM FLEISCH

AMERICAN BACON BURGER

Für 4 Port. | Zubereitung: ca. 30 Min.

Zutaten

4 Salatblätter
(z. B. Rauke)
2 Tomaten
2 Gewürzgurken (Glas)
2 rote Zwiebeln
500 g Rinderhackfleisch
1 Knoblauchzehe
2 EL Ketchup, 1 TL Zucker
1 TL Worcestersoße
1 TL BBQ-Soße
1/4 TL Apfelessig
4 Scheiben Schmelzkäse
8 Scheiben Bacon
4 Burgerbrötchen
Senf, Mayonnaise
4 Handvoll Pommes frites
(fertig zubereitet)

Ein Burger, wie er im Buche steht – ohne Schnickschnack und Chichi, aber mit allem, was das burgerliebende Männerherz begehrt.

So wird's gemacht

1. Salat waschen und trocken schleudern. Tomaten waschen, halbieren, vom Stielansatz befreien und in Scheiben schneiden. Gewürzgurken abtropfen lassen und ebenfalls in Scheiben schneiden. Zwiebeln schälen. 1 Zwiebel fein hacken, übrige Zwiebel in Ringe schneiden.

2. Rinderhackfleisch in eine große Schüssel geben. Knoblauchzehe schälen, fein hacken und mit fein gehackter Zwiebel zum Fleisch geben. Ketchup, Zucker, Worcestersoße, BBQ-Soße und Apfelessig zugeben und gut vermischen. In 4 gleich große Portionen teilen und zu Patties formen. Auf dem Grill bei mittlerer Hitze und geschlossenem Deckel auf beiden Seiten ca. 4–7 Minuten grillen. Mit Käse belegen und ca. 1 weitere Minute grillen. Bacon auf dem Grill kross braten.

3. Burgerbrötchen aufschneiden und mit der Schnittfläche nach unten kurz auf den Grill legen. Burger nach Belieben mit Senf, Mayonnaise, Salatblättern, Tomatenscheiben, Bacon, Zwiebelringen, Gewürzgurken und Pommes frites belegen oder Pommes frites als Beilage servieren.

DOPPEL-BIER-BURGER

Für 6 Port. | Zubereitung: ca. 1 Std. + ca. 35 Min. Ruhezeit

Die mit Bier abgeschmeckte Burgervariante auf selbst gebackenen Buns ist die perfekte Mahlzeit für den wohlverdienten Feierabend!

Zutaten

6 Salatblätter (z. B. Eisbergsalat)
3 Gewürzgurken (Glas)
1 große Tomate
125 ml Milch
25 g weiche Butter und etwas Fett für das Blech
280 g Mehl und etwas Mehl für die Arbeitsfläche
1/4 Würfel Hefe
1 EL Zucker, Salz, 1 Ei
1,35 kg Rinderhackfleisch
9 Knoblauchzehen
3 rote Zwiebeln
3 EL Worcestersoße
1 TL frisch gemahlener Pfeffer, 180 ml Bier
6 Scheiben Schmelzkäse

So wird's gemacht

1. Backofen auf 200 °C (Umluft: 180 °C) vorheizen. Salat waschen und trocken schleudern, Gewürzgurken abtropfen lassen. Tomate waschen, halbieren, vom Stielansatz befreien. Beides in Scheiben schneiden.

2. Milch, 60 Milliliter Wasser und Butter erhitzen. Hälfte des Mehls, Hefe, Zucker und eine Prise Salz verrühren, Milchmischung und Ei zufügen. Restliches Mehl unterrühren. Teig ca. 8 Minuten durchkneten und in 6 gleich große Stücke teilen, zu Kugeln formen und auf ein gefettetes Blech legen. Etwas flach drücken. Abgedeckt ca. 30–35 Minuten gehen lassen. Brötchen ca. 12 Minuten im Ofen goldbraun backen. Abkühlen lassen und halbieren.

3. Hackfleisch in eine Schüssel geben. Knoblauch und Zwiebeln schälen. 2 Zwiebeln in Ringe schneiden. Restliche Zwiebel und Knoblauch fein hacken und zum Fleisch geben. Worcestersoße, Salz und Pfeffer zugeben und gut vermischen. Bier zufügen und nochmals gut durchmischen. Zu 12 Patties formen und pro Seite ca. 5 Minuten grillen. Burger mit Salat, Gewürzgurken, je 2 Patties, Tomaten, Käse und Zwiebeln belegen.

AMERICAN CHEESEBURGER MIT CHEDDAR

Für 4 Port. | Zubereitung: ca. 30 Min. + ca. 1 Std. Ruhezeit

Eine besondere Art des Cheeseburgers ist der sogenannte juicy lucy. Hier wird der Käse ins Fleisch eingebracht, das so lange gegrillt wird, bis der Käse schmilzt.

Zutaten

4 Salatblätter (z. B. Eisberg- oder Romanasalat)
1 rote Zwiebel, 2 Tomaten
2 Gewürzgurken (Glas)
400 g Hartkäse (z. B. Manchego, Cheddar)
4 Burgerbrötchen
800 g Rinderhackfleisch
Salz, frisch gemahlener Pfeffer
Ketchup, Senf
4 Scheiben Scheiblettenkäse
BBQ-Soße

So wird's gemacht

1. Salat waschen und trocken schleudern. Zwiebel schälen und in Ringe schneiden. Tomaten waschen, halbieren, vom Stielansatz befreien und in Scheiben schneiden. Gewürzgurken abtropfen lassen und ebenfalls in Scheiben schneiden. Käse reiben. Burgerbrötchen aufschneiden.

2. Hackfleisch mit Salz und Pfeffer würzen, zu 8 flachen Patties formen. In 4 Patties eine Kuhle drücken, Käse hineingeben und mit übrigen Patties verschließen. Im Kühlschrank ca. 1 Stunde ruhen lassen.

3. Patties auf jeder Seite ca. 4 Minuten grillen. Burgerbrötchen mit der Schnittfläche nach unten auf den Grill legen, bis sie knusprig sind.

4. Etwas Ketchup und Senf auf den unteren Brötchenhälften verteilen. Mit Salat, Patties, Scheiblettenkäse, Gewürzgurken, Zwiebeln und Tomaten belegen und BBQ-Soße darübergeben. Mit oberen Brötchenhälften bedecken.

BLUE CHEESE BACON BURGER
ZUM SATTWERDEN

*Für 4 Port. | Zubereitung: ca. 30 Min.
+ ca. 1 Std. Ruhezeit*

Zutaten

720 g Rinderhackfleisch
45 ml Sojasoße
45 ml Worcestersoße
einige Spritzer Tabasco
2 Tomaten
2 rote Zwiebeln
4 Salatblätter
(z. B. Romana- oder Eisbergsalat)
1 Packung schnittfester Gorgonzola
4 Burgerbrötchen
Öl, 8 Streifen Bacon
Remoulade oder Hamburgersoße

Cheeseburger mal anders: Mit würzigem Blue Cheese wird das Brötchen schnell zum Lieblingsburger.

So wird's gemacht

1. Hackfleisch in eine große Schüssel geben, mit Sojasoße, Worcestersoße und – nach Belieben – Tabasco gut vermischen. Ca. 1 Stunde im Kühlschrank ruhen lassen.

2. Tomaten waschen, halbieren, vom Stielansatz befreien und in Scheiben schneiden. Zwiebeln schälen und in Ringe schneiden. Salat waschen und trocken schleudern. Gorgonzola zerbröckeln. Burgerbrötchen aufschneiden.

3. Hackfleisch zu 4 etwa gleich großen Patties formen. Auf den Grill legen und auf jeder Seite ca. 3–5 Minuten grillen. Etwas Öl auf eine Grillplatte geben und Zwiebeln darin glasig braten. Bacon auf dem Grill kross braten. Brötchenhälften mit der Schnittfläche nach unten auf den Grill legen, bis sie knusprig sind.

4. Remoulade oder Hamburgersoße auf den Brötchenunterseiten verteilen. Mit Salat, Zwiebel, Tomaten, Patties, Gorgonzola und Bacon belegen. Brötchenoberseiten daraufsetzen und Burger servieren.

BURGER „ORIENTAL STYLE"

Für 4 Port. | Zubereitung: ca. 45 Min.

Zutaten

1 Knoblauchzehe
3 Stängel Petersilie
300 g griechischer Joghurt
3 EL Tahin
2 EL Limettensaft
2 EL Olivenöl
Salz, frisch gemahlener Pfeffer
Zucker, Kreuzkümmel
1 Spitzpaprika
1/4 Salatgurke
1 Salatherz
2 frische Aprikosen sowie 4 getrocknete Aprikosen
80 g Schafskäse
30 g Cashewkerne
400 g Rinderhackfleisch
4 Burgerbrötchen

Knoblauchsoße, getrockenete Aprikosen und Cashewnüsse verleihen dem Burger eine orientalische Note und entführen geschmacklich in die Welt von 1001 Nacht.

So wird's gemacht

1. Für die Soße Knoblauch schälen und pressen. Petersilie waschen, trocken schütteln und Blättchen fein hacken. Joghurt, Tahin, Limettensaft und Öl glatt rühren. Knoblauch und Petersilie unter die Soße rühren und mit Salz, Pfeffer, Zucker und Kreuzkümmel abschmecken.

2. Paprikaschote putzen, waschen und in Streifen schneiden, Gurke waschen und in Scheiben schneiden. Salat waschen, trocken schleudern und zerpflücken. Frische Aprikosen waschen, halbieren, entkernen und in Spalten schneiden. Getrocknete Aprikosen in Streifen schneiden. Schafskäse grob zerkleinern. Cashewkerne hacken.

3. Hackfleisch mit 2 Esslöffeln Knoblauchsoße, getrockneten Aprikosen und Cashewkernen verkneten, mit Salz und Pfeffer würzen. 4 flache Patties formen. Auf dem heißen Grill am Rand auf beiden Seiten ca. 6 Minuten grillen.

4. Burgerbrötchen aufschneiden und mit der Schnittfläche nach unten kurz auf dem Grill anrösten. Untere Brötchenhälften mit Knoblauchsoße bestreichen, mit Salat, Patties, Gurke, Paprika, frischen Aprikosen und Schafskäse belegen und mit oberen Brötchenhälften bedecken.

SMOKEY BBQ-BURGER

Für 4 Port. | Zubereitung: ca. 1 Std.

Der rauchige Geschmack des Smokey BBQ-Burgers weckt Erinnerungen an Lagerfeuerromantik – mit Gitarrenmusik und echten Männergesprächen.

Zutaten

120 g Ketchup
125 ml Rotweinessig
50 g brauner Zucker
85 g heller Honig
1/2 TL Liquid Smoke
1 TL Salz
1/2 TL frisch gemahlener Pfeffer
1/4 TL Zwiebelpulver
1/4 TL Knoblauchpulver
1/2 Salatgurke
2 rote Zwiebeln
2 Tomaten, 1 Salatherz (z. B. Romanasalat)
400 g Rinderhackfleisch
15 g Paniermehl
4 Burgerbrötchen

So wird's gemacht

1. Für die BBQ-Soße Ketchup, Essig, Zucker, Honig, Liquid Smoke, 1/2 Teelöffel Salz, 1/4 Teelöffel Pfeffer, Zwiebel- und Knoblauchpulver verrühren und aufkochen. Ca. 30 Minuten bei niedriger Hitze zu einer dicken Soße einköcheln.

2. Gurke und Zwiebeln schälen, Gurke und 1 Zwiebel in feine Scheiben schneiden, übrige Zwiebel fein hacken. Tomaten waschen, halbieren, vom Stielansatz befreien und in Scheiben schneiden. Salat waschen, trocken schleudern und zerpflücken. Hackfleisch in eine große Schüssel geben, mit gehackter Zwiebel, restlichem Salz, restlichem Pfeffer, Paniermehl und 2 1/2 Esslöffeln BBQ-Soße gut vermischen. Bei Bedarf noch Paniermehl zugeben. 4 Patties formen. Patties auf jeder Seite ca. 5 Minuten grillen. Burgerbrötchen aufschneiden und auf dem Grill anrösten.

3. Untere Brötchenhälften mit etwas BBQ-Soße bestreichen, mit Salat, Patties, Zwiebel-, Gurken- und Tomatenscheiben belegen und mit oberen Brötchenhälften bedecken. Gegebenenfalls übrig gebliebene Soße zu den Burgern servieren.

LEBER-SPIEGELEI-BURGER „FLEISCHESLUST"

Für 2 Port. | Zubereitung: ca. 25 Min.

Zutaten

einige Salatblätter (z. B. Rauke)
2 Gewürzgurken (Glas)
1 Chilischote oder rote Peperoni
1 kleine Zwiebel
300 g Kalbsleber
Öl, 2 Eier
2 Burgerbrötchen
Ketchup
Meerrettich
Senf, Mayonnaise
2 Scheiben Scheiblettenkäse

Wer gerne Kalbsleber „Berliner Art" isst, wird den Leber-Spiegelei-Burger, eine ungewöhnliche, aber schmackhafte Burgerkreation, lieben.

So wird's gemacht

1. Salat waschen und trocken schleudern. Gewürzgurken abtropfen lassen und in feine Scheiben schneiden. Chilischote oder Peperoni waschen, entkernen und in Scheiben schneiden. Zwiebel schälen und in feine Ringe schneiden.

2. Einen feinen Schnitt in die Oberfläche der Kalbsleber machen, obere Hautschicht vorsichtig abziehen. Kalbsleber auf den Grill legen und auf beiden Seiten ca. 2 Minuten grillen. Etwas Öl auf eine Grillplatte geben und Spiegeleier darin braten.

3. Burgerbrötchen aufschneiden und kurz auf dem Grill anrösten. Untere Brötchenhälfte nach Geschmack mit Ketchup und Meerrettich, obere Hälfte mit Senf und Mayonnaise bestreichen. Untere Hälfte mit Kalbsleber, Scheiblettenkäse, Salat, Gurken, Zwiebel und Chili oder Peperoni belegen. Spiegelei auf dem Burger anrichten und obere Brötchenhälfte aufsetzen.

PASTRAMI-BURGER,
HERZHAFT GEGRILLT

Für 4 Port. | Zubereitung: ca. 20 Min.

Zutaten

4 Salatblätter (z. B. Eisberg- oder Romanasalat)
750 g Rinderhackfleisch
Grill- oder Bratenwürze
4 Scheiben Schmelzkäse
4 Burgerbrötchen
125 ml Thousand-Island-Soße
8 Scheiben Pastrami

Der Pastrami-Burger ist der ideale Burger für Fleischliebhaber: Mit der doppelten Portion Fleisch schmeckt er doppelt so gut.

So wird's gemacht

1. Salat waschen und trocken schleudern. Rinderhackfleisch in eine große Schüssel geben und mit Grill- oder Bratenwürze würzen. In 4 gleich große Portionen teilen und flache Patties formen.

2. Patties auf den Grill legen und auf beiden Seiten ca. 5 Minuten grillen. Käse auf die Patties legen und ca. 1 weitere Minuten grillen. Burgerbrötchen aufschneiden, mit der Unterseite auf den Grill legen und kurz anrösten.

3. Brötchenhälften mit Thousand-Island-Soße bestreichen, mit Salat, Patties mit Käse und je 2 Scheiben Pastrami belegen. Mit einem Spieß feststecken.

SCHARFMACHER STEAK-BURGER

Für 4 Port. | Zubereitung: ca. 20 Min.

Für harte Männer, die auch vor feurigen Jalapeños nicht zurückschrecken, ist diese pikante Burgervariante mit würzigem Rindersteak der richtige Snack.

Zutaten

1 rote Zwiebel
4 Salatblätter (z. B. Eisberg- oder Romanasalat)
4 Jalapeños (Glas)
4 Rindersteaks à ca. 160 g (z. B. Entrecôte)
Salz , frisch gemahlener Pfeffer
4 Burgerbrötchen
Senf, Ketchup
Mayonnaise

So wird's gemacht

1. Zwiebel schälen und in feine Ringe schneiden. Salat waschen und trocken schleudern. Jalapeños abtropfen lassen und in Scheiben schneiden.

2. Steaks abbrausen, trocken tupfen und mit Salz und Pfeffer würzen. Auf den Grill legen und von beiden Seiten ca. 1–2 Minuten grillen. Entweder rare vom Grill nehmen oder für medium noch ca. 1–2 Minuten weitergrillen.

3. Burgerbrötchen halbieren und mit der Schnittfläche nach unten kurz auf den Grill legen. Brötchenhälften nach Belieben mit Senf, Ketchup und Mayonnaise bestreichen. Untere Hälften mit Salat, Zwiebel, Jalapeños und Steaks belegen. Brötchendeckel aufsetzen.

DEFTIGER BURGER
MIT BACON UND SPIEGELEI

Für 5 Port. | Zubereitung: ca. 45 Min.

Bacon und Spiegelei geht nicht nur zum Frühstück. Auch auf dem Burger sorgt diese Kombination für eine handfeste Mahlzeit.

Zutaten

2 Zwiebeln
1/2 Salatgurke
1 Knoblauchzehe
150 g Hartkäse (z. B. Cheddar)
500 g Rinderhackfleisch
1 TL Tabasco, Salz
frisch gemahlener Pfeffer
1 Prise Zucker
1 TL getrocknete Chiliflocken, 1 TL Senf
1 EL Balsamico
Öl , 5 Eier
10 Scheiben Bacon
5 Burgerbrötchen
Mayonnaise

So wird's gemacht

1. Zwiebeln schälen, 1 Zwiebel in Ringe schneiden und 1 Zwiebel fein hacken. Gurke waschen und in Scheiben schneiden. Knoblauch schälen und fein hacken. Käse in 5 etwa gleich große Stücke schneiden. Rinderhackfleisch in eine Schüssel geben, gehackte Zwiebel, Knoblauch, Tabasco, Salz, Pfeffer, Zucker, Chiliflocken, Senf und Balsamico zugeben und gut durchmischen. Hackfleisch zu 5 etwa gleich großen Patties formen. Käse in die Patties eindrücken, sodass der Käse auf allen Seiten von Fleisch bedeckt ist. Patties von beiden Seiten ca. 5 Minuten grillen.

2. Etwas Öl auf eine Grillplatte geben und Zwiebelringe goldbraun anbraten. Eier ebenfalls auf der Grillplatte zu Spiegeleiern braten. Bacon auf den Grill legen und kross braten. Burgerbrötchen halbieren und mit der Schnittfläche nach unten kurz auf den Grill legen. Mit Mayonnaise bestreichen und mit Zwiebelringen, Patty, Gurkenscheiben und Bacon belegen. Spiegelei auf dem Burger anrichten und obere Brötchenhälfte aufsetzen.

PULLED BEEF BURGER

Für 8 Port. | Zubereitung: ca. 15 Std. + ca. 12 Std. Ruhezeit

Zutaten

1 große Schalotte
2 Knoblauchzehen
Öl, 1 Schuss Rotwein
1 Schuss Whisky
1 Schuss Orangensaft
1 Schuss Sojasoße
1 Schuss BBQ-Soße
1 Dose geschälte Tomaten (ca. 300–400 ml)
5 TL Tomatenmark
3 TL Zucker, Salz
frisch gemahlener Pfeffer
1/4 TL Piment
1/4 TL gelbe Senfkörner
1 Msp. Zimt
1,5–1,7 kg Rinderbraten
250 g Rote Bete (Glas)
2 TL Sahnemeerrettich
3 TL Weißweinessig
1 rote Zwiebel
8 Burgerbrötchen

„Gut Ding will Weile haben", lautet die Devise und macht aus diesem Burger, zubereitet im Smoker, einen Gaumenschmaus der Extraklasse.

So wird's gemacht

1. Für die Schmorsoße Schalotte schälen und fein hacken. Knoblauchzehen schälen und halbieren. Etwas Öl in einen Topf geben und Schalotte und Knoblauch kurz darin anbraten. Rotwein, Whisky, Orangensaft, Sojasoße, BBQ-Soße, Tomaten, Tomatenmark, 2 Teelöffel Zucker, Salz, Pfeffer, Piment, Senfkörner und Zimt zufügen. Ca. 10 Minuten köcheln lassen und pürieren. Rinderbraten in zwei Stücke schneiden, mit Schmorsoße einreiben und über Nacht in einem Gefrierbeutel im Kühlschrank ruhen lassen.

2. Smoker anheizen, Fleisch auf den Grill legen, mit geschlossenem Deckel bei ca. 100 °C ca. 12–14 Stunden grillen. Fleisch vom Smoker nehmen und ca. 30 Minuten ruhen lassen. Für den Dip Rote Bete abtropfen lassen, in Stücke schneiden und mit einem Stabmixer zerkleinern, Sahnemeerrettich und Essig zugeben, verrühren, mit Salz und restlichem Zucker abschmecken.

3. Fleisch mit einer Gabel zerkleinern. Zwiebel schälen und in Ringe schneiden. Brötchen aufschneiden, mit der Schnittfläche nach unten kurz auf den Grill legen, mit Fleisch und Zwiebeln belegen und mit dem Dip servieren.

BLUE CHEESE BURGER
MIT ZWIEBELN

Für 4 Port. | Zubereitung: ca. 55 Min.

Mit cremigem Gorgonzola und mit knusprigem Speck und Rosmarin verfeinert, lässt dieser Burger selbst Gourmets auf ihre Kosten kommen.

Zutaten

2 Stängel Rosmarin
3 große Zwiebeln
200 g Gorgonzola
4 Burgerbrötchen
200 g Speckwürfel
frisch gemahlener Pfeffer
Salz, 1 Schuss Weißwein
750 g Rinderhackfleisch

So wird's gemacht

1. Rosmarin waschen, trocken schütteln, Nadeln abzupfen und fein hacken. Zwiebeln schälen und klein schneiden. Gorgonzola zerbröckeln. Burgerbrötchen aufschneiden.

2. Speckwürfel in einer Pfanne ohne Fettzugabe anbraten, bis sie knusprig sind. Aus der Pfanne nehmen. Zwiebeln ins Bratfett geben und mit Pfeffer würzen. Bei kleiner Hitze ca. 30 Minuten anbraten. Salz zufügen und mit Weißwein ablöschen. Zwiebeln warm halten.

3. Rinderhackfleisch in eine große Schüssel geben, Speck, Rosmarin, Salz und Pfeffer zufügen und gut vermischen. Zu 4 gleich große Patties formen.

4. Patties auf den Grill legen und auf jeder Seite ca. 4 Minuten grillen. Brötchenhälften mit der Schnittfläche nach unten kurz auf den Grill legen. Untere Brötchenhälften mit Patties, Gorgonzola und Zwiebeln belegen und mit der oberen Hälfte bedecken.

ROASTBEEF-BURGER MIT ROTKOHLSALAT

Für 8 Port. | Zubereitung: ca. 2 Std.

Zutaten

2,2 kg Roastbeef, Salz
frisch gemahlener Pfeffer
8 Salatblätter (z. B. Eisberg- oder Romanasalat)
1 Zwiebel
4 Gewürzgurken
1 rote Paprikaschote
1 gelbe Paprikaschote
500 g Rotkohl
3 EL Olivenöl
3 EL Walnussöl
4 EL Balsamico
8 Laugenbrötchen
BBQ-Soße

Roastbeef, das auf der Zunge zergeht, und delikater Rotkohlsalat: eine wunderbare Verbindung, die auch in der Männerrunde gut ankommt.

So wird's gemacht

1. Roastbeef vom Fettdeckel befreien. Von beiden Seiten mit Salz und Pfeffer würzen. Smoker auf ca. 110 °C vorheizen. Roastbeef ca. 1 1/2 Stunden bis zu einer Kerntemperatur von ca. 58 °C garen lassen. Vom Grill nehmen, in Alufolie wickeln und ca. 10 Minuten ruhen lassen.

2. Salat waschen und trocken schleudern. Zwiebel schälen und in feine Ringe schneiden. Gewürzgurken abtropfen lassen und in Scheiben schneiden. Paprikaschoten waschen, halbieren, entkernen und in Ringe schneiden. Rotkohl putzen und Strunk herausschneiden. In dünne Streifen schneiden und in reichlich Salzwasser ca. 3 Minuten kochen. Abseihen, abschrecken und gut ausdrücken. Olivenöl, Walnussöl, Balsamico und etwas Salz verrühren. Rotkohl zufügen, vermischen und kurz ziehen lassen.

3. Brötchen aufschneiden. Hälften mit BBQ-Soße bestreichen. Roastbeef in Streifen schneiden. Untere Brötchenhälfte mit Salat, Zwiebeln, Roastbeef, Rotkohl, Gewürzgurken und Paprika belegen und obere Hälfte daraufsetzen.

BIG BEEF IM BRIOCHE-BUN

Für 8 Port. | Zubereitung: ca. 40 Min.

Herzhaft gewürzte Beefburger auf samtig weichen Brioche-Brötchen bringen selbst harte Männer zum Dahinschmelzen.

So wird's gemacht

1. Zwiebeln schälen und in feine Ringe schneiden. 2 Esslöffel Olivenöl in einem kleinen Topf erhitzen, Zwiebelringe bei kleiner Hitze darin anbraten. Kohl putzen, Strunk herausschneiden und Kohl in dünne Streifen schneiden. Gurke waschen und in Scheiben schneiden. Tomaten waschen, halbieren, vom Stielansatz befreien und in Scheiben schneiden.

2. In einer kleinen Schüssel Mayonnaise und Zitronensaft verrühren, nach und nach restliches Olivenöl unterrühren, mit Salz und Pfeffer abschmecken. Rinderhackfleisch in eine große Schüssel geben, Eigelb zufügen. Wacholderbeeren, Chiliflocken und Fenchelsamen mörsern und zum Fleisch geben. Mit Salz und Pfeffer würzen und alles gut vermengen. 8 etwa gleich große Patties formen. Auf den Grill legen und auf beiden Seiten ca. 3–5 Minuten grillen.

3. Burgerbrötchen aufschneiden und kurz auf dem Grill anrösten. Brötchenhälften mit Ketchup und Zitronenmayonnaise bestreichen. Untere Hälften mit Kohl, Gurken, Patties, Senf, Tomaten und Zwiebeln belegen und obere Hälften aufsetzen. Mit einem Holzspieß fixieren.

Zutaten

2 rote Zwiebeln
6 EL Olivenöl
4 Handvoll Kohl (z. B. Rot- oder Weißkohl)
1/2 Salatgurke
2 große Tomaten
1/2 Tasse Mayonnaise
2 EL Zitronensaft
etwas Salz und
1 EL Meersalz
frisch gemahlener Pfeffer
1,5 kg Rinderhackfleisch
1 Eigelb
1 TL Wacholderbeeren
1 TL Chiliflocken
1 TL Fenchelsamen
8 Brioche-Burgerbrötchen
Ketchup, Senf

XL-CHEESEBURGER MIT KARAMELLISIERTEN ZWIEBELN

Für 2 Port. | Zubereitung: ca. 1 Std.

Der Clou an diesem Burger sind die karamellisierten Zwiebeln, die ihm eine würzig-süße Note verleihen.

Zutaten

1 Zwiebel
Öl
1 EL Zucker
2 Salatblätter (z. B. Eisbergsalat)
1 Tomate
3 EL Mayonnaise
1 EL Ketchup
1 Spritzer Liquid Smoke (Flüssigrauch)
frisch gemahlener Pfeffer
400 g Rinderhackfleisch
Salz
2 Scheiben Hartkäse (z. B. Cheddar)
2 Burgerbrötchen

So wird's gemacht

1. Zwiebel schälen und in Streifen schneiden. In etwas Öl bei mittlerer Hitze anbraten. Zucker zugeben und Zwiebel ca. 30 Minuten karamellisieren, bis sie bräunlich sind. Salat waschen und trocken schleudern. Tomate waschen, halbieren, vom Stielansatz befreien und in Scheiben schneiden. Mayonnaise und Ketchup mit Liquid Smoke vermengen und mit Pfeffer abschmecken.

2. Rinderhackfleisch zu zwei etwa gleich großen Patties formen, auf den Grill legen und auf jeder Seite ca. 4 Minuten grillen. Mit Salz und Pfeffer würzen und ca. 3 weitere Minuten grillen. Käse auf die Patties legen und bei geschlossenem Grilldeckel ca. 1 weitere Minute grillen. Brötchenhälften mit der Schnittstelle nach unten auf dem Grill anrösten.

3. Brötchenhälften mit Ketchup-Mayonnaise bestreichen. Untere Hälften mit Salat, Patties, noch etwas Ketchup-Mayonnaise, Tomaten und karamellisierten Zwiebeln belegen und mit oberer Hälfte bedecken.

DOUBLE BACON CHEESEBURGER
FÜR DEN ECHTEN HUNGER

Für 1 Port. | Zubereitung: ca. 30 Min.

Damit keiner hungrig bleibt, gibt es Burger satt – mit reichlich Zutaten, die ein simples Brötchen zum wahren Burger machen.

Zutaten

1 Salatblatt (z. B. Romanasalat)
1 Tomate
1/2 rote Zwiebel
250 g Rinderhackfleisch
1 Eigelb, 1 TL mittelscharfer Senf, Salz
frisch gemahlener Pfeffer
2 Scheiben Bacon
1 Burgerbrötchen
1 TL Ketchup
2 Scheiben Schmelzkäse (z. B. Cheddar)

So wird's gemacht

1. Salat waschen und trocken schleudern. Tomate waschen, halbieren, vom Stielansatz befreien und in Scheiben schneiden.

2. Zwiebel schälen und fein hacken. Hackfleisch in eine große Schüssel geben, mit Zwiebel, Eigelb und 1/2 Teelöffel Senf mischen. Mit Salz und Pfeffer würzen. Zu einem flachen Patty formen.

3. Patty auf den Grill legen und auf beiden Seiten ca. 5–10 Minuten grillen. Wer den Burger lieber medium oder rare mag, lässt ihn weniger lang auf dem Grill. Bacon ebenfalls auf den Grill legen, bis er kross ist.

4. Burgerbrötchen halbieren und mit der Schnittfläche nach unten auf dem Grill anrösten. Untere Brötchenhälfte mit restlichem Senf, obere Hälfte mit Ketchup bestreichen. Untere Brötchenhälfte mit Patty, Käse, Bacon, Salat, Tomate und Zwiebel belegen und obere Hälfte daraufsetzen.

BURGER „LIGHT“

MIT FISCH UND GEFLÜGEL

OKTOPUSBURGER, MEGASTARK, MEGA MEDITERRAN

Für 4 Port. | Zubereitung: ca. 1 Std. + ca. 3 Std. und 30 Min. Ruhezeit

Zutaten

1 großer Oktopus (ca. 1 kg, küchenfertig)
500 ml Weißwein
2 Knoblauchzehen
Salz, frisch gemahlener Pfeffer
Oregano, Thymian
150 ml Olivenöl
4 Salatblätter
2 Handvoll Sprossen
4 Brötchen
2 rote Zwiebeln
4 EL Aioli

Zärtlich streckt er seine Arme nach uns aus – und wir beißen nur zu gerne rein.

So wird's gemacht

1. Oktopus abwaschen, gegebenenfalls Kauwerkzeug und Augen entfernen. In einem Topf mit Wein und so viel Wasser aufgießen, dass er bedeckt ist. Ca. 15 Minuten köcheln lassen. Vom Herd nehmen und im abkühlenden Sud ca. 3 Stunden ziehen lassen.

2. Oktopus häuten und in Stücke schneiden. Knoblauch schälen. Knoblauch, Salz, Pfeffer, Oregano und Thymian im Mörser zerstoßen und vermengen. Mit 100 Millilitern Olivenöl verrühren. Oktopus darin ca. 30 Minuten marinieren. Salat und Sprossen waschen und trocken schleudern. Salat zerpflücken. Grill anheizen, Grillrost mit restlichem Olivenöl bepinseln und Oktopus von allen Seiten grillen. Dabei hin und wieder mit Marinade einpinseln.

3. Brötchen aufschneiden und Hälften mit der Schnittfläche nach unten kurz auf den Grill legen. Zwiebeln schälen und in Ringe schneiden. Brötchenhälften mit Aioli bestreichen. Untere Hälfte mit Salat, Zwiebeln, Oktopusstücken und Sprossen belegen und obere Hälfte daraufsetzen.

BURGER „LIGHT"

TUNA BURGER

Für 4 Port. | Zubereitung: ca. 40 Min.
+ ca. 15 Min. Ruhezeit

Was soll ich t(h)un, Fisch? Iss mich, ich bin lecker! Nichts lieber als das! Schmackhafter Thunfisch im Brötchen.

So wird's gemacht

1. Frühlingszwiebel putzen, waschen und in Stücke schneiden. Ingwer und Knoblauch schälen und klein schneiden.

2. Thunfisch waschen, trocken tupfen und würfeln. Mit Folie abgedeckt ca. 15 Minuten im Gefrierschrank etwas fester werden lassen. Herausnehmen und mit Frühlingszwiebel, Ingwer und Knoblauch in einem Mixer grob pürieren. Mayonnaise und Öl zugeben und noch einmal leicht pürieren, bis sich die Zutaten gut vermischen.

3. Aus der Fischmasse 4 Patties formen und mit Salz und Pfeffer würzen. Patties auf dem heißen Grill von beiden Seiten ca. 4 Minuten grillen.

4. Tomaten waschen und in Scheiben schneiden. Salat waschen und trocken schleudern. Brötchen halbieren und kurz mit der Schnittfläche nach unten auf dem Grill anrösten. Dünn mit Ketchup bestreichen. Mit Tomaten, Salat und Patties belegen und mit oberer Brötchenhälfte bedecken.

Zutaten

1 Frühlingszwiebel
1 Stück Ingwer
1 Knoblauchzehe
750 g Thunfischsteaks (nachhaltiger Fischfang)
2 EL Mayonnaise
4 TL Traubenkernöl
1 TL Sesamöl, Salz
frisch gemahlener Pfeffer
2 Tomaten
4 Salatblätter
4 Burgerbrötchen
Ketchup

FISCHBURGER, NICHTS FÜR LEICHTMATROSEN!

Für 4 Port. | Zubereitung: ca. 40 Min.

Da fällt es einem wie Schuppen von den Augen: Fisch und Burger ist einfach eine tolle Kombination!

Zutaten

500 g Fischfilets (z. B. Zander oder Kabeljau)
1/2 unbehandelte Zitrone
1 Scheibe Toastbrot
1 Ei, 1 TL Schnittlauch
1 TL Kerbel, Salz
frisch gemahlener Pfeffer
etwas Öl zum Einpinseln
1 Tomate
4 Salatblätter
1/2 Salatgurke
1 rote Zwiebel
4 Burgerbrötchen
Mayonnaise

So wird's gemacht

1. Fischfilets kalt abwaschen, trocken tupfen und Gräten entfernen. Zitronenschale abreiben und Saft auspressen. Fischfilets mit Zitronensaft säuern, durch den Fleischwolf drehen oder mit einem Messer sehr klein hacken. Toast entrinden, mit der Küchenmaschine zu Bröseln mahlen. Fischgehacktes mit Toastbrotbröseln, Ei, Zitronenschale, Kräutern sowie etwas Salz und Pfeffer gut vermischen. Aus der Masse 4 Patties formen, beide Seiten mit Öl einpinseln und auf dem heißen Grill von jeder Seite ca. 4 Minuten knusprig braun grillen.

2. Tomate waschen, Stielansatz entfernen und Tomate in Scheiben schneiden. Salat waschen und trocken schleudern. Gurke waschen und in feine Scheiben schneiden. Zwiebel schälen und in Ringe schneiden.

3. Burgerbrötchen durchschneiden und kurz mit der Schnittfläche nach unten auf dem Grillrost erhitzen. Brötchenhälften mit Mayonnaise bestreichen. Mit Salat, Tomaten, Patties, Gurken und Zwiebeln belegen und mit oberer Brötchenhälfte bedecken.

GARNELENBURGER „KING SIZE“

Für 4 Port. | Zubereitung: ca. 30 Min.

Zutaten

2 Tomaten
1 rote Zwiebel
1/2 Bund Rauke
250 g Garnelen (küchenfertig)
etwas Öl zum Bestreichen
4 Brötchen
4 EL Cocktailsoße
4 Scheiben Käse, Salz
frisch gemahlener Pfeffer

Gar, garer, Garnele. Dieser Burger ist garantiert lecker! Ein Luxus-Burger der besonderen Art, der bestimmt öfter auf den Tisch kommt!

So wird's gemacht

1. Tomaten waschen und in Scheiben schneiden. Zwiebel schälen und in Ringe schneiden. Rauke waschen und trocken schleudern.

2. Gegebenenfalls Darm und Schale der Garnelen entfernen und Garnelen kalt abspülen. Garnelen mit Öl bestreichen und auf dem heißen Grill ca. 8–12 Minuten grillen, dabei in der Mitte der Grillzeit einmal wenden.

3. Brötchen aufschneiden und mit der Schnittfläche nach unten kurz auf dem Grill erwärmen. Unteren Hälften mit Cocktailsoße bestreichen. Rauke, Käse, Tomaten und Zwiebeln auf die untere Hälfte legen und Garnelen gleichmäßig darauf verteilen. Mit Salz und Pfeffer würzen. Burger mit Brötchendeckel schließen.

LACHSFILETBURGER,
GESCHMACK NACH MEER

Für 4 Port. | Zubereitung: ca. 30 Min.

Hier hat der Lachs nichts zu lachen. Denn lecker wie er ist, wird er noch häufiger auf der Speisekarte stehen!

Zutaten

400 g Lachsfilet
4 EL Zitronensaft
frisch gemahlener Pfeffer
1/2 Bund Dill
4 EL saure Sahne
1 TL Zucker, Salz
4 Radieschen
2 EL Olivenöl
4 Burgerbrötchen
8 Salatblätter

So wird's gemacht

1. Lachsfilet waschen, trocken tupfen und entgräten. Vierteln und mit 2 Esslöffeln Zitronensaft und etwas Pfeffer würzen.

2. Dill waschen, trocken schütteln und Fähnchen abzupfen. Restlichen Zitronensaft, saure Sahne, Zucker, Dill und 1 Prise Salz vermischen. Radieschen waschen und in Scheiben schneiden.

3. Grillschale mit Öl bestreichen und Lachs auf dem heißen Grill ca. 2 Minuten von jeder Seite grillen. Brötchen aufschneiden und kurz mit den Schnittflächen nach unten auf dem Grill erwärmen.

4. Untere Brötchenhälften mit etwas Sahne-Dill-Mischung bestreichen, jeweils mit 1 Salatblatt, Lachs, Radieschen und restlichem Salat belegen. Restliche Sahne-Dill-Mischung darübergeben und mit oberer Brötchenhälfte bedecken. Mit einem Holzspieß fixieren.

BURGER „LIGHT"

LENGFISCHBURGER,
EIN KAPITALER FANG

Für 3 Port. | Zubereitung: ca. 30 Min.

Zutaten

300 g Lengfischfilet
Salz
Cayennepfeffer
2 EL Mehl, 1 Ei
75 g Paniermehl
2 EL Öl
150 g Avocado
1 Bund Koriander
3 Burgerbrötchen
2 EL Chilisoße
(z. B. von Knorr)

Lang, länger, Lengfisch – Der Burger mit dem längsten Fisch. Und die Avocado setzt ihm noch die Krone auf!

So wird's gemacht

1. Lengfischfilet waschen, trocken tupfen und in ca. 3–4 Zentimeter dicke Streifen schneiden. Mit Salz und Cayennepfeffer würzen. Filets nacheinander in Mehl, verschlagenem Ei und Paniermehl wenden.

2. Grillschale mit Öl ausstreichen und Fisch darin von allen Seiten ca. 10 Minuten grillen.

3. Avocado schälen, halbieren, entkernen und in dünne Spalten schneiden. Koriander waschen, trocken tupfen und Blättchen abzupfen.

4. Brötchen aufschneiden und mit Schnittflächen nach unten kurz auf den Grill legen. Abwechselnd Fisch, Avocadospalten, Chilisoße und Korianderblättchen auf die untere Hälfte der Brötchen legen. Mit oberen Brötchenhälften bedecken.

LACHSBURGER
WIE VOM FISCHMARKT

Für 8 Port. | Zubereitung: ca. 40 Min.

Lachs und Burger, das ist Genuss hoch 2! Wenig Fett und außerdem gesund! Da beißt man gleich doppelt so gern rein!

Zutaten

4 Scheiben Toastbrot
2 Zwiebeln
1,6 kg Lachsfilet (ohne Haut)
1 EL Senf, 1 Ei
2 EL Zitronensaft
1 EL abgeriebene Schale von 1 unbehandelten Zitrone, Salz
frisch gemahlener Pfeffer
4 Tomaten
8 Salatblätter
8 Burgerbrötchen
16 TL Remoulade

So wird's gemacht

1. Toast in kaltem Wasser einweichen. 1 Zwiebel schälen und fein würfeln. Lachs mit einer Pinzette entgräten, trocken tupfen und sehr fein würfeln. Lachs mit Senf, Ei, gewürfelter Zwiebel, Zitronensaft und Zitronenschale in eine Schüssel geben. Toastbrot ausdrücken, klein zupfen und zum Fisch geben. Mit Salz und Pfeffer würzen. Alles zu einer homogenen Masse verkneten. Abgedeckt im Kühlschrank kalt stellen.

2. Tomaten waschen, Stielansatz entfernen und Tomaten in Scheiben schneiden. Salat waschen und trocken schleudern. Restliche Zwiebel schälen und in feine Ringe schneiden. Aus der Fischmasse 8 Patties formen und auf dem heißen Grill von jeder Seite ca. 3 Minuten grillen.

3. Brötchen halbieren und kurz mit der Schnittfläche nach unten auf dem Grill rösten. Brötchenhälften mit je 1 Teelöffel Remoulade bestreichen. Untere Hälften mit Salat und Zwiebel belegen. Patties, Tomaten und obere Hälften daraufsetzen.

PULLED CHICKEN BURGER, „ZERRUPFTES HUHN“

Für 2 Port. | Zubereitung: ca. 3 Std. und 25 Min. + ca. 30 Min. Ruhezeit

Dieses Huhn sieht ganz schön gerupft aus, schmeckt dafür umso besser. Und ist mit dem Krautsalat ein echter Leckerbissen!

Zutaten

3 Hähnchenschenkel
etwas Öl zum Einpinseln
3 EL BBQ-Gewürzmischung
1 rote Zwiebel
1 Packung gemischter Krautsalat (à 200 g)
2 Brötchen
BBQ-Soße

So wird's gemacht

1. Hähnchenschenkel leicht mit Öl einpinseln und von allen Seiten mit BBQ-Gewürzmischung einreiben. Ca. 30 Minuten marinieren lassen.

2. Smoker auf 120 °C indirekte Hitze vorheizen und Räucherholz auflegen. Hähnchenschenkel ca. 3 Stunden indirekt grillen, bis eine Kerntemperatur von ca. 80 °C erreicht ist.

3. Zwiebel schälen und fein hacken. Krautsalat gut abtropfen lassen. Hähnchenschenkel von der Haut befreien, Haut in Stücke schneiden und ohne Fettzugabe mit gehackter Zwiebel knusprig anbraten.

4. Brötchen aufschneiden. Fleisch von den Hähnchenschenkeln lösen und „pullen“ (mit zwei Gabeln auseinanderziehen). Fleisch mit BBQ-Soße sowie angebratener Haut und Zwiebel vermischen. Mit Krautsalat auf den Brötchen anrichten.

„THANKSGIVING-BURGER“ MIT PUTE UND PREISELBEEREN

Für 4 Port. | Zubereitung: ca. 35 Min.

Zutaten

350 g Putenbrust
1 Zwiebel, Salz
frisch gemahlener Pfeffer
1 Msp. abgeriebene Schale von 1 unbehandelten Zitrone
1 Ei, 1 TL Senf
2 EL Paniermehl
8 Salatblätter
2 EL Öl
4 Burgerbrötchen
4 Scheiben Käse
4 EL Preiselbeermarmelade

Jetzt gibt es Pute nicht mehr nur zu Weihnachten, sondern auch während der Grillsaison. In Kombination mit Preiselbeeren ein Hochgenuss!

So wird's gemacht

1. Putenbrust klein schneiden und durch den Fleischwolf drehen. Zwiebel schälen und fein hacken. Putenhackfleisch mit Zwiebel, Salz, Pfeffer, Zitronenschale, Ei, Senf und Paniermehl verkneten. 4 Patties daraus formen und flach drücken. Salat waschen und trocken schleudern.

2. Patties leicht mit Öl einreiben und auf dem heißen Grill von beiden Seiten ca. 5 Minuten goldbraun grillen.

3. Burgerbrötchen aufschneiden und auf dem Grill leicht anrösten. Je 1 Salatblatt auf die unteren Brötchenhälften legen, etwas Preiselbeermarmelade darauf verteilen, Patties, Käse, noch etwas Preiselbeermarmelade und restlichen Salat daraufgeben und mit oberen Brötchenhälften bedecken.

BURGER „LIGHT"

BURGER „LIGHT"

HEISSES HUHN MIT AVOCADO

Für 4 Port. | Zubereitung: ca. 35 Min.

Dieser Burger ist nichts für schwache Kerle, denn die Chiliwürzpaste heizt ordentlich ein.

Zutaten

2 reife Avocados
2 EL Zitronensaft
Salz, frisch gemahlener Pfeffer
1 Frühlingszwiebel
2 Stängel Petersilie
4 Hähnchenfilets
2 EL Harissa (Chiliwürzpaste)
4 EL Öl, 1 Ei
3 EL Paniermehl
4 Mohnbrötchen
1 kleines Salatherz (z. B. Romanasalat)
1 Tomate, Ketchup

So wird's gemacht

1. Avocados halbieren und entsteinen. 1 Avocado schälen und in dünne Schnitze schneiden. Aus der zweiten Avocado Fruchtfleisch mit einem Löffel herauslösen. Fruchtfleisch gut mit einer Gabel zerdrücken, mit Zitronensaft verrühren und mit Salz und Pfeffer abschmecken. Frühlingszwiebel waschen und in Ringe schneiden.

2. Petersilie waschen, trocken schütteln und Blättchen abzupfen. Einige Blättchen beiseitestellen, restliche Blättchen fein hacken. Hähnchenfilets fein würfeln. Harissa, Öl und etwas Salz verrühren. Ei und Paniermehl verkneten und mit Salz und Pfeffer würzen. Alles mit Hähnchenwürfeln und gehackter Petersilie mischen und aus der Masse 4 flache Patties formen. Patties auf dem heißen Grill von jeder Seite ca. 4 Minuten goldbraun grillen.

3. Brötchen aufschneiden. Salat waschen, trocken schleudern und zerpflücken. Tomate waschen und in Scheiben schneiden. Untere Brötchenhälften mit Salat, Tomate, Patties, Avocadomus, Frühlingszwiebel, beiseitegestellter Petersilie belegen. Etwas Ketchup daraufgeben und mit Avocadoschnitzen belegen. Obere Hälften daraufsetzen.

„THAI-STYLE“ BURGER

Für 8 Port. | Zubereitung: ca. 40 Min. + ca. 1 Std. Ruhezeit

Zutaten

225 g Mayonnaise
4 EL Kokosraspel
2 EL gehackte Minze
2 Frühlingszwiebeln
3 Knoblauchzehen
1 kg Putenhackfleisch
250 g Paniermehl
2 EL rote Thai-Currypaste
100 ml Erdnusssoße
2 EL gehackte Petersilie und einige Blättchen Petersilie für den Belag
je 2 TL Sojasoße, Limettensaft und Zitronensaft
1 EL Tabasco
8 Salatblätter
1 Salatgurke
1 rote Zwiebel
1 Peperoni
etwas Öl für den Grill
8 Burgerbrötchen

Dieses exotisch-würzige Geflügel werden Sie lieben. Ein Geschenk für den Gaumen!

So wird's gemacht

1. Mayonnaise, Kokosraspeln und Minze verrühren. Abgedeckt mindestens 1 Stunde kalt stellen.

2. Frühlingszwiebeln putzen, waschen und in Stücke schneiden. Knoblauch schälen und fein hacken. Putenhackfleisch, Paniermehl, Currypaste, Erdnusssoße, gehackte Petersilie, Frühlingszwiebeln, Sojasoße, Knoblauch, Limettensaft, Zitronensaft und Tabasco verrühren. In 8 Portionen aufteilen und zu Patties formen.

3. Salat waschen und trocken schütteln. Gurke waschen und in dünne Scheiben schneiden. Zwiebel schälen und in Ringe schneiden. Peperoni waschen und in Scheiben schneiden. Restliche Petersilie waschen und trocken schütteln.

4. Grillrost mit Öl einfetten und Patties ca. 6–8 Minuten von jeder Seite grillen, bis sie durchgebraten sind. Burgerbrötchen durchschneiden und kurz mit der Schnittfläche nach unten auf dem Grill erwärmen. Untere Hälften mit Kokos-Minz-Mayonnaise bestreichen, Salat, Patties, Zwiebel, Peperoni, Gurke und Petersilie daraufgeben und mit den oberen Hälften bedecken.

„FARMER’S BURGER“ MIT HÜHNCHENHACKFLEISCH

Für 8 Port. | Zubereitung: ca. 45 Min.

Huhu, Huhn – der perfekte Burger für den Hahn im Korb. Reinbeißen und genießen – so huldigt man dem Huhn!

Zutaten

etwas Öl für den Grill und zum Braten
2 rote Zwiebeln
2 Knoblauchzehen
900 g Hühnerhackfleisch
1 Ei, 55 g Paniermehl
1 EL Grillgewürz, Salz
frisch gemahlener Pfeffer
1 Salatgurke
8 Salatblätter
8 Brötchen
Mayonnaise

So wird's gemacht

1. Grill auf mittlere Hitze vorheizen und Grillrost mit Öl leicht einfetten. Zwiebeln und Knoblauch schälen. 1 Zwiebel und Knoblauch fein hacken. Restliche Zwiebel in Ringe schneiden. Gehackte Zwiebel und Knoblauch mit etwas Öl in einer Pfanne anbraten und abkühlen lassen.

2. Hühnerhackfleisch, gehackte Zwiebeln und Knoblauch mischen. Ei und Paniermehl zugeben und mit Grillgewürz, Salz und Pfeffer würzen. Gut vermischen und 8 Patties formen. Gurke waschen und in Scheiben schneiden oder hobeln. Salatblätter waschen und trocken schleudern.

3. Patties bei mittlerer Hitze ca. 6 Minuten von jeder Seite grillen, bis sie den gewünschten Garzustand erreicht haben. Brötchen halbieren und kurz auf dem Grill erwärmen. Untere Brötchenhälfte mit Salat, Zwiebelringen, Patties und Gurke belegen, Mayonnaise daraufgeben und mit oberer Hälfte bedecken.

GEFLÜGELBURGER „HAWAII" MIT ANANAS-SALSA

Für 4 Port. | Zubereitung: ca. 40 Min.

Auf diesen Burger werden Sie fliegen – und dafür muss man gar nicht erst bis nach Hawaii.

Zutaten

500 g Hähnchenbrustfilet
2 Knoblauchzehen
1 Ei, 1 EL fein gehackter Koriander
1 TL Senf
25 g Paniermehl, Salz
frisch gemahlener Pfeffer
240 g Ananas (Dose)
2 Frühlingszwiebeln
4 Salatblätter
1/2 Salatgurke
1/2 rote Chilischote (fein gewürfelt)
süße Chilisoße
2 EL Zitronensaft
4 Burgerbrötchen

So wird's gemacht

1. Hähnchenfleisch sehr fein hacken oder durch den Fleischwolf drehen. Knoblauch schälen und fein hacken. Mit Ei, Koriander, Senf, Paniermehl, Salz und Pfeffer unter die Hackmasse kneten. Daraus mit angefeuchteten Händen 4 flache Patties formen.

2. Ananas abtropfen lassen und klein würfeln. Frühlingszwiebeln waschen und in Ringe schneiden. Salat waschen und trocken schleudern. Gurke waschen und in Scheiben schneiden. Ananas mit dem weißen Teil der Frühlingszwiebeln, Chili, Chilisoße und Zitronensaft verrühren. Mit Salz und Pfeffer abschmecken. Patties auf dem heißen Grill von beiden Seiten ca. 10 Minuten grillen.

3. Burgerbrötchen aufschneiden und kurz mit den Schnittflächen nach unten auf dem Grill rösten. Untere Hälften mit Salat und Gurkenscheiben belegen, je einen Patty, etwas Ananassalsa und Grün der Frühlingszwiebeln darauf verteilen. Mit oberen Hälften bedecken.

WÜRZIGE PUTENBURGER „FUSION STYLE“

Für 6 Port. | Zubereitung: ca. 25 Min.

Die Pute hat es in sich, denn mit ordentlich Chili ist dieser Burger nichts für Weicheier!

Zutaten

2 grüne Chilischoten
2 Knoblauchzehen
1 Ei, 4 EL Worcestersoße
4 EL Sojasoße
2 TL gemahlener Kreuzkümmel
1 TL Paprikapulver
1 TL Senfpulver
1/2 TL Cayennepfeffer
Salz, 4 EL Paniermehl
750 g Putenhackfleisch
etwas Öl für den Grill
6 Burgerbrötchen

So wird's gemacht

1. Chilischoten waschen, Kerne entfernen und Chilischoten fein hacken. Knoblauch schälen und ebenfalls fein hacken.

2. Ei, Knoblauch und Chili miteinander vermischen. Worcestersoße, Sojasoße, Kreuzkümmel, Paprikapulver, Senfpulver, Cayennepfeffer, 1 Prise Salz und Paniermehl unterrühren und mit Putenhackfleisch vermischen. 6 Patties formen.

3. Grill auf mittlere Temperatur vorheizen und Rost leicht einölen. Patties auf jeder Seite ca. 4 Minuten grillen, bis sie durchgegart sind.

4. Burgerbrötchen halbieren und mit den Schnittflächen nach unten auf dem Grill erwärmen. Patties auf dem Burger anrichten und servieren.

VEGGIES
FLEISCHLOS GLÜCKLICH

QUINOA-ROTE-BETE-BURGER

Für 4 Port. | Zubereitung: ca. 1 Std.

Dieser Burger mit dem Powerkorn Quinoa sieht nicht nur superstark aus, sondern ist auch ein wahrer Energielieferant!

Zutaten

1 kleine Zwiebel
50 g Walnüsse
1 Stängel Rosmarin
1/2 Dose weiße Bohnen
1 kleine Knolle Rote Bete
100 g Quinoa
1 EL Öl
5 g Koriander
5 g Minze
500 g Joghurt
Salz
frisch gemahlener Pfeffer
1 Handvoll Rauke
einige Salatblätter
4 kleine Fladenbrote

So wird's gemacht

1. Zwiebel schälen und fein hacken. Walnüsse grob hacken. Rosmarin waschen, trocken schütteln und Blättchen fein hacken. Weiße Bohnen abgießen und abtropfen lassen. Rote Bete schälen und fein raspeln.

2. Quinoa über einem Sieb sorgfältig mit Wasser abspülen. Nach Packungsanweisung zubereiten. Zwiebel und Rote Bete in eine Pfanne mit erhitztem Öl geben und ca. 5 Minuten dünsten. Gelegentlich umrühren.

3. Für die Soße Koriander und Minze waschen, trocken schütteln und Blättchen grob hacken. Joghurt mit Kräutern vermengen, mit Salz und Pfeffer abschmecken.

4. Bohnen in eine Schüssel geben und mit dem Stabmixer pürieren. Zwiebel-Rote-Bete-Mischung, Quinoa, Walnüsse und Rosmarin zufügen und gut vermischen. Mit Salz und Pfeffer abschmecken. Rauke und Salat waschen und trocken schütteln.

5. Quinoa-Mischung zu Patties formen. Auf dem Grill von beiden Seiten ca. 2–3 Minuten grillen. Fladenbrote mit Patties, Joghurt-Kräuter-Soße, Rauke und Salat belegen.

SAFTIGE PORTOBELLO-BURGER, AUCH FÜR FLEISCHLIEBHABER!

Für 2 Port. | Zubereitung: ca. 30 Min. + 1 Std. Ruhezeit

Zutaten

2 Portobellopilze
1 Knoblauchzehe
1 Chilischote
3 EL Öl und etwas Öl für die Grillschale
1–2 EL Balsamico
Salz
frisch gemahlener Pfeffer
1 kleine rote Zwiebel
1 Tomate
einige Salatblätter
2 Burgerbrötchen oder Brötchen

Die braunen Riesenchampignons in diesem vegetarischen Burger begeistern selbst eingefleischte Fleischfans.

So wird's gemacht

1. Pilze putzen und mit einem feuchten Tuch säubern. Stiele entfernen. Knoblauch schälen und fein hacken. Chilischote waschen, halbieren, Kerne entfernen und Chilischote in feine Streifen schneiden.

2. Für die Marinade 3 Esslöffel Öl und Balsamico vermischen, Knoblauch und Chili zugeben und mit Salz und Pfeffer würzen. Pilze in eine Schüssel geben und marinieren. Abgedeckt im Kühlschrank mindestens 1 Stunde ziehen lassen.

3. Zwiebel schälen und in Ringe schneiden. Tomate waschen, vom Stielansatz befreien und in Scheiben schneiden. Salatblätter waschen und trocken schütteln.

4. Grillschale einölen und Pilze ca. 5–10 Minuten darin grillen. Dabei mehrmals wenden. Burgerbrötchen oder Brötchen kurz auf dem Grill anrösten und mit Salat, Pilzen, Tomaten und Zwiebeln belegen.

FALAFEL-BURGER 1001 NACHT

Für 4 Port. | Zubereitung: ca. 50 Min.

Einen Geschmack wie aus 1001 Nacht zaubern diese raffinierten Falafel-Burger mit Knoblauch-Tomaten-Soße.

So wird's gemacht

1. Falafel nach Packungsanweisung zubereiten. Haut der Tomate einritzen und Tomate einige Sekunden in kochendes Wasser legen. Sobald die Haut sich kräuselt, mit Eiswasser abschrecken, abtropfen lassen und die Haut abziehen. Tomate vierteln, entkernen und Fruchtfleisch in kleine Würfel schneiden. Knoblauch schälen und fein hacken. Radieschen waschen, trocken tupfen und in Scheiben schneiden. Koriander und Petersilie waschen, trocken schütteln, Blättchen abzupfen und fein hacken. Salatblätter und Kräuter waschen und trocken schütteln.

2. Frischkäse, Crème fraîche, Knoblauch, Tomatenmark und -saft verrühren und mit Salz, Pfeffer und Cayennepfeffer abschmecken. Tomatenwürfel unterrühren und Soße abgedeckt in den Kühlschrank stellen.

3. Koriander und Petersilie zum Falafelteig geben und gut vermischen. Mit angefeuchteten Händen zu 4 Patties formen und von jeder Seite ca. 3–4 Minuten grillen. Vorsichtig wenden. Burgerbrötchen kurz mit der Schnittfläche nach unten auf dem Grill anrösten. Untere Brötchenhälfte mit Soße bestreichen, mit Salat, Patties, Radieschen und Kräutern belegen und mit oberer Brötchenhälfte bedecken.

Zutaten

1 Packung Falafel-Fertigmischung
1 Fleischtomate
1/2 Knoblauchzehe
2 Radieschen
1/2 Bund Koriander
1/2 Bund Petersilie
4 Salatblätter
Kräuter für die Garnitur (z. B. Dill)
100 g Frischkäse
50 g Crème fraîche
1/2 EL Tomatenmark
25 ml Tomatensaft
Salz
frisch gemahlener Pfeffer
Cayennepfeffer
4 Burgerbrötchen

„JÄGER-BURGER"

Für 8 Port. | Zubereitung: ca. 1 Std. + 12 Std. Ruhezeit

Dieser würzige Champignon-Burger mit Guacamole stellt jedes Jägerschnitzel in den Schatten!

Zutaten

250 g Kartoffeln
Salz
300 g Champignons
2 Frühlingszwiebeln
1 Knoblauchzehe
1 Dose rote Bohnen (530 g Abtropfgewicht)
2 EL Öl und etwas Öl zum Bestreichen
2 EL Portwein
1 Bund Koriander
100 g gehackte Walnüsse
80 g Paniermehl
frisch gemahlener Pfeffer
1/2 TL Kreuzkümmel
2 Tomaten
8 Salatblätter
8 Burgerbrötchen
etwas Guacamole

So wird's gemacht

1. Kartoffeln schälen, würfeln und in Salzwasser ca. 10–12 Minuten kochen. Champignons putzen, Stiele entfernen und Pilze würfeln. Frühlingszwiebeln waschen und fein würfeln. Knoblauch schälen und fein hacken. Bohnen abgießen und abtropfen lassen.

2. Frühlingszwiebeln in heißem Öl anschwitzen, Champignons zugeben und andünsten. Mit Portwein ablöschen und einreduzieren lassen. Kartoffeln, Knoblauch und Bohnen zugeben und ca. 5 Minuten erwärmen. Abkühlen lassen und mit dem Stabmixer pürieren. Koriander waschen, trocken schütteln und Blättchen fein hacken. Walnüsse mit Paniermehl und Koriander unter die Pilzmischung rühren. Zu einer gleichmäßigen Masse verkneten und mit Salz, Pfeffer und Kreuzkümmel abschmecken. Zu 8 Patties formen und ca. 12 Stunden kühl stellen.

3. Tomaten waschen, vom Stielansatz befreien und in Scheiben schneiden. Salat waschen und trocken schütteln. Patties mit Öl bestreichen und von beiden Seiten ca. 4–5 Minuten grillen. Brötchen kurz anrösten, mit Guacamole bestreichen und mit Salat, Patties und Tomatenscheiben belegen.

„MEDITERRANEAN BURGER“ MIT GRILLKÄSE UND AUBERGINEN

Für 4 Port. | Zubereitung: ca. 25 Min. + 30 Min. Ruhezeit

Zutaten

1 Aubergine
Salz
200 g Halloumi
1 EL Öl und etwas Öl zum Bestreichen
frisch gemahlener Pfeffer
4 kleine Vollkornbrötchen
80 g Basilikumpesto

An Urlaub am Meer erinnert dieser mediterrane Burger mit Halloumi, Auberginen und Basilikumpesto.

So wird's gemacht

1. Aubergine waschen. In ca. 1 Zentimeter breite Scheiben schneiden, mit Salz bestreuen und ca. 30 Minuten ziehen lassen. Halloumi in Scheiben schneiden und dünn mit Öl bestreichen.

2. Auberginen abtropfen lassen und mit Küchenpapier gut trocken tupfen. Mit Öl bepinseln und mit Salz und Pfeffer würzen. Auf dem heißen Grill ca. 6–7 Minuten grillen, dabei mehrmals wenden. Halloumi ca. 1 Minute auf jeder Seite grillen.

3. Brötchen mit den Schnittflächen nach unten kurz auf dem Grill anrösten. Untere Brötchenhälften mit Pesto bestreichen und mit Auberginen und Halloumi belegen. Nach Geschmack noch etwas Pesto daraufgeben und obere Brötchenhälften aufsetzen.

GEMÜSEBURGER

Für 4 Port. | Zubereitung: ca. 50 Min.

Zutaten

1 kleine Aubergine
2 Knoblauchzehen
1 Frühlingszwiebel
1 Tomate
4 Salatblätter
2 EL Öl
2 TL scharfer Senf
Salz
frisch gemahlener Pfeffer
4 Gemüsebratlinge (TK-Produkte)
4 Burgerbrötchen
4 EL Röstzwiebeln
50 g Mungobohnensprossen

Den „Kraftstofftank" Ihres Körpers füllt dieser herzhafte Burger mit Gemüse-Patties und Mungobohnensprossen schnell wieder auf.

So wird's gemacht

1. Aubergine waschen, schälen und klein würfeln. Knoblauch schälen und fein hacken. Frühlingszwiebel waschen und in feine Ringe schneiden. Tomaten waschen, halbieren, vom Stielansatz befreien und in Scheiben schneiden. Salatblätter waschen und trocken schütteln.

2. Aubergine, Knoblauch und Frühlingszwiebel in 1 Esslöffel Öl anbraten und mit ca. 100 Millilitern Wasser ca. 12 Minuten dünsten. Pürieren und mit Senf, Salz und Pfeffer kräftig abschmecken.

3. Eine Aluschale mit restlichem Öl ausstreichen und Gemüsebratlinge hineinlegen. Ca. 8–10 Minuten grillen, dabei mehrmals wenden.

4. Burgerbrötchen aufschneiden und mit den Schnittflächen nach unten kurz auf dem Grill anrösten. Brötchenhälften mit Auberginenmischung bestreichen. Untere Brötchenhälften mit Salat, Gemüse-Patties und Tomatenscheiben belegen und mit Röstzwiebeln und Sprossen bestreuen. Obere Brötchenhälften auflegen und servieren.

SUPERFOOD-BURGER

Für 4 Port. | Zubereitung: ca. 35 Min. + 10 Min. Ruhezeit

Ein toller Burger für gesundheitsbewusste Griller! Das mexikanische Superfood Chia punktet mit viel Kalzium, Eisen und Omega-3-Fettsäuren.

Zutaten

2 EL Chia-Samen
250 g Kidneybohnen
1 kleine Zwiebel
1 Knoblauchzehe
1 Stängel Petersilie
2 EL Haferflocken
1 TL Guarkernmehl
Salz
frisch gemahlener Pfeffer
1/2 TL Grillgewürz
1/2 TL Paprikapulver
1 Tomate
1/4 Salatgurke
4 Salatblätter
4 Vollkornbrötchen
BBQ-Soße

So wird's gemacht

1. Chia-Samen mit 6 Esslöffeln Wasser vermischen und ca. 10 Minuten quellen lassen. Kidneybohnen über einem Sieb gründlich mit Wasser abspülen und abtropfen lassen. Mit einer Gabel grob zerdrücken. Zwiebel und Knoblauch schälen und fein hacken. Petersilie waschen, trocken schütteln und Blätter fein hacken.

2. Kidneybohnen, Zwiebeln, Knoblauch, Petersilie und Chia-Samen mit Haferflocken und Guakernmehl zu einer formbaren Masse vermengen. Mit Salz, Pfeffer, Grillgewürz und Paprikapulver kräftig abschmecken und zu 4 Patties formen.

3. Tomate waschen, halbieren, vom Stielansatz befreien und in Scheiben schneiden. Gurke schälen und in Scheiben schneiden. Salatblätter waschen und trocken schütteln.

4. Patties von beiden Seiten goldbraun grillen. Brötchen aufschneiden und mit der Schnittfläche nach unten kurz auf dem Grill anrösten. Brötchenhälften mit BBQ-Soße bestreichen. Untere Brötchenhälften mit Salat, Patties, Tomate und Gurke belegen und obere Hälften aufsetzen.

SPICY COUSCOUS-BURGER

Für 4 Port. | Zubereitung: ca. 1. Std. und 25 Min. + 10 Min. Ruhezeit

Zutaten

500 g Aubergine
1 Knoblauchzehe
1/2 Chilischote
150 g rote Linsen (gekocht)
100 g Couscous (gekocht)
etwas Vollkornmehl
frisch gemahlener Pfeffer
1/2 TL Kreuzkümmel
1/2 TL Paprikapulver
1/4 Kopf Salat (z. B. Eisbergsalat)
1/2 Bund Petersilie
1 kleines Stück unbehandelte Salatgurke
1 rote Zwiebel
1 Tomate
3 Radieschen
4 Burgerbrötchen
Cocktailsoße

Couscous und Auberginen bilden in diesem Burger ein heißes Paar. Wer es scharf-würzig mag, kommt hier voll auf seine Kosten!

So wird's gemacht

1. Backofen auf 200 °C (Umluft: 180 °C) vorheizen. Aubergine rundum einstechen und im vorgeheizten Ofen ca. 40 Minuten backen. Knoblauch schälen und fein hacken. Chili waschen, entkernen und in Streifen schneiden. Aubergine halbieren und Fruchtfleisch herausschaben. Linsen, Knoblauch und Chili zugeben und mit dem Stabmixer pürieren. Couscous untermischen, evtl. etwas Vollkornmehl zugeben. Mit Salz, Pfeffer, Kreuzkümmel und Paprikapulver abschmecken. Ca. 10 Minuten ziehen lassen.

2. Salat waschen und trocken schütteln. Petersilie waschen, trocken schütteln und Blättchen abzupfen. Gurke waschen und in Scheiben schneiden. Zwiebel schälen und in Ringe schneiden. Tomate waschen, vom Stielansatz befreien und in Scheiben schneiden. Radieschen waschen, trocken tupfen und ebenfalls in Scheiben schneiden.

3. Patties aus der Couscous-Masse formen und ca. 4 Minuten von beiden Seiten grillen. Brötchen halbieren und kurz auf dem Grill anrösten. Untere Hälfte mit Salat, Patties, Petersilie, Gurke, Tomate, Radieschen und Zwiebel belegen und mit Soße beträufeln. Obere Hälfte aufsetzen.

HAFERFLOCKEN-BURGER

Für 6–8 Port. | Zubereitung: ca. 1 Std. + 30 Min. Ruhezeit

Zutaten

250 ml Milch
150 g Haferflocken
120 g Dinkelvollkornmehl
2 TL ÖL, Salz
frisch gemahlener Pfeffer
1 EL gemischte Kräuter
1 Knoblauchzehe
150 g Naturjoghurt
etwas abgeriebene Schale von 1 unbehandelten Zitrone
einige Salatblätter
1 Handvoll Rauke
3 Tomaten
2 rote Zwiebeln
1/2 Salatgurke
3 große Möhren
100 g Kräuterquark
6–8 Burgerbrötchen

Haferflocken passen nur zum Frühstück? Weit gefehlt! Denn dieser Burger macht auch beim Grillen eine gute Figur.

So wird's gemacht

1. Milch erhitzen. Haferflocken mit Mehl, Öl und 1 Teelöffel Salz vermischen und mit heißer Milch übergießen. Mit Pfeffer und Kräutern würzen. Mischung ca. 30 Minuten quellen lassen.

2. Knoblauch schälen und fein hacken. Mit Joghurt und Zitronenschale vermischen und mit Salz und Pfeffer abschmecken. Joghurtsoße in den Kühlschrank stellen. Salatblätter und Rauke waschen und trocken schütteln. Tomaten waschen, vom Stielansatz befreien und in Scheiben schneiden. Zwiebeln schälen und in Ringe schneiden. Gurke waschen und in schmale, lange Streifen schneiden.

3. Möhren schälen und fein raspeln. Möhren mit Kräuterquark vermischen und mit Haferflockenmischung gut vermengen. Patties formen und auf dem Grill von beiden Seiten goldbraun grillen. Burgerbrötchen halbieren und kurz mit den Schnittflächen nach unten auf dem Grill rösten. Untere Hälfte mit Salat, Tomaten und Patties belegen, mit etwas Joghurtsoße beträufeln, mit Gurke, Zwiebeln und Rauke abschließen und obere Brötchenhälfte darüberklappen.

KICHERERBSEN-BURGER

Für 4 Port. | Zubereitung: ca. 1. Std. und 30 Min. + 10 Min. Ruhezeit

Es muss nicht immer der klassische Burger-Bun sein. Auch im Sauerteigbrötchen schmecken die leckeren Kichererbsen-Burger super und machen richtig satt!

Zutaten

3 Frühlingszwiebeln
1/2 Knoblauchzehe
1/2 Bund Petersilie
1–2 Stängel Koriander
1/2 Chilischote
300 g Kichererbsen
2 Eier
2 EL Sojasoße
75 g Paniermehl
abgeriebene Schale von
1 unbehandelten Zitrone
Salz
frisch gemahlener Pfeffer
Kreuzkümmel
einige Salatblätter
1/4 Salatgurke
eine Handvoll Sprossen
etwas Mehl zum Bestäuben
etwas Öl zum Einpinseln
4 Sauerteigbrötchen
etwas grünes Pesto

So wird's gemacht

1. Frühlingszwiebeln waschen und in dünne Röllchen schneiden. Knoblauch schälen und fein hacken. Petersilie und Koriander waschen, trocken schütteln und Blätter fein hacken. Chilischote waschen, entkernen und in feine Streifen schneiden.

2. Kichererbsen mit Eiern, Sojasoße, Paniermehl und Knoblauch mit dem Stabmixer zu einer gleichmäßigen Masse pürieren. Frühlingszwiebeln, Petersilie, Koriander, Chili und Zitronenschale zugeben, gründlich vermischen und mit Salz, Pfeffer und Kreuzkümmel kräftig abschmecken. Ca. 10 Minuten ruhen lassen. Salat waschen und trocken schütteln. Gurke waschen und in Scheiben schneiden. Sprossen gründlich waschen und abtropfen lassen.

3. Kichererbsenmasse zu Patties formen, mit etwas Mehl bestäuben und mit Öl einpinseln. Auf dem Grill von beiden Seiten goldbraun grillen. Brötchen aufschneiden und kurz auf dem Grill anrösten. Untere Hälfte mit Salat, Gurke, Pesto, Patties und Sprossen belegen und mit oberer Hälfte bedecken.

BALKAN-BURGER

Für 4 Port. | Zubereitung: ca. 35 Min.

Paprika, Knoblauch, Bohnenkraut ... – die ganze Würze des Balkans kommt in diesem Burger voll zur Geltung.

Zutaten

2–3 Knoblauchzehen
5 EL Sojajoghurt natur
1 TL Senf, 1 1/2 EL Paprikapulver, 1 EL Apfelessig
1 1/2 EL Olivenöl
Salz
frisch gemahlener Pfeffer
3 rote Paprikaschoten
1–2 Knoblauchzehen
1 rote Zwiebel
500 g Buchweizen (gekocht), 240 g schwarze Bohnen (gekocht)
1 EL fein gehacktes Bohnenkraut
2 EL Sojasahne
1 EL Ketchup
Cayennepfeffer
2 Knollen Rote Bete
1 gelbe Tomate
4 Burgerbrötchen

So wird's gemacht

1. Für die Soße 1 Knoblauchzehe schälen und fein hacken. Mit Sojajoghurt, Senf, 1/2 Esslöffel Paprikapulver, Apfelessig, und 1/2 Esslöffel Olivenöl gut vermischen und mit Salz und Pfeffer abschmecken. 1 Paprikaschote, halbieren, entkernen und fein würfeln. Restliche Knoblauchzehen schälen und fein hacken. Zwiebel schälen und ebenfalls fein hacken. Buchweizen, Bohnen, gewürfelte Paprika, Knoblauch, Zwiebel und Bohnenkraut mit Sojasahne, Ketchup und restlichem Olivenöl vermengen. Restliches Paprikapulver sowie Cayennepfeffer und etwas Salz und Pfeffer zugeben und alles gut zu einer homogenen Masse verkneten. Zu 4 Patties formen.

2. Rote Bete schälen, in Scheiben schneiden und mit etwas Öl einpinseln. Restliche Paprikaschoten waschen, entkernen, in Spalten schneiden und ebenfalls mit Öl einpinseln. Tomate waschen, Stielansatz entfernen und Tomate in Scheiben schneiden. Patties von beiden Seiten auf dem Grill leicht braun und knusprig grillen, Rote Bete und Paprika ebenfalls von beiden Seiten grillen. Burgerbrötchen aufschneiden, mit den Schnittflächen nach unten kurz auf dem Grill anrösten. Untere Brötchenhälften mit Patties, Roter Bete, Tomate und Paprika belegen. Mit Soße beträufeln und obere Hälften aufsetzen.

VEGGIE-BURGER

Für 8 Port. | Zubereitung: ca. 50 Min. + 3 Std. Ruhezeit

Wer sagt denn, dass Reis nur eine Beilage ist? Mit Pilzen, Ei und Käse wird der Reis-Patty hier zum Hauptakteur.

Zutaten

Salz
60 g Vollkornreis
1 Knoblauchzehe
1 Zwiebel
1 EL Öl
200 g Pilze (z. B. braune Champignons oder Kräutersaitlinge)
40 g Haferflocken
2 EL Paniermehl
1 Ei
100 g geriebener Käse (z. B. Gouda)
frisch gemahlener Pfeffer
2 Tomaten
2 Gewürzgurken (Glas)
einige Salatblätter
8 Burgerbrötchen
Ketchup
Mayonnaise
Senf

So wird's gemacht

1. Reichlich Salzwasser zum Kochen bringen und Reis darin nach Packungsanweisung gar kochen. Über einem Sieb abtropfen lassen und abkühlen lassen. Knoblauch und Zwiebel schälen und fein hacken. Öl erhitzen und Zwiebel sowie Knoblauch darin goldbraun anbraten. Pilze putzen und fein hacken. Mit in die Pfanne geben und weitere 5 Minuten braten, bis die Flüssigkeit eingekocht ist.

2. Mischung in eine Schüssel geben und mit Reis, Haferflocken, Paniermehl, Ei und Käse gut vermengen. Mit Salz und Pfeffer würzen und abgedeckt im Kühlschrank mindestens 3 Stunden ziehen lassen. Zu flachen Patties formen. Tomaten waschen, vom Stielansatz befreien und in Scheiben schneiden. Gewürzgurken abtropfen lassen und in Scheiben schneiden. Salatblätter waschen und trocken schütteln.

3. Patties von jeder Seite ca. 5 Minuten auf dem vorgeheizten Grill garen. Halbierte Burgerbrötchen mit den Schnittflächen nach unten kurz auf dem Grill anrösten. Untere Hälfte mit Ketchup, Mayonnaise und Senf bestreichen und mit Salat, Patties, Tomate und Gurken belegen. Obere Hälfte aufsetzen.

GRILLKÄSE-BURGER, GAR NICHT „KÄSE"!

Für 4 Port. | Zubereitung: ca. 25 Min.

Käse ist auch auf dem Grill im Kommen! Die grüne Pfeffersoße gibt diesem Halloumi-Burger erst so richtig den letzten Pfiff!

So wird's gemacht

1. Gurke waschen und in dünne Scheiben schneiden oder hobeln. Zwiebel schälen und in Ringe schneiden. Salat waschen und trocken schütteln.

2. Halloumi in Scheiben schneiden und mit etwas Soße bestreichen. In der Grillschale auf dem heißen Grill ca. 5–10 Minuten grillen, dabei einmal wenden.

3. Brötchen halbieren und mit den Schnittflächen nach unten kurz auf dem Grill anrösten. Untere Hälften mit etwas Soße bestreichen und mit Salat und Grillkäse belegen. Mit Gurkenscheiben, Zwiebelringen und einem Klecks Soße toppen.

Zutaten

200 g unbehandelte Salatgurke
1 Zwiebel
4 Salatblätter
400 g Halloumi (Grillkäse)
1/2 Flasche grüne Pfeffersoße (z. B. von Knorr)
4 Hamburgerbrötchen

FIT-FOOD-BURGER

Für 4 Port. | Zubereitung: ca. 40 Min.

Fitnessfreaks werden sich über diesen Tofuburger mit Grillgemüse freuen, der eine wahre Gaumenfreude ist.

Zutaten

1 kleine Aubergine
Salz
1 kleine Zucchini
1 rote Paprikaschote
1 Zwiebel
4 EL Olivenöl
1 Stängel Rosmarin
1 Stängel Zitronenthymian
2 EL Balsamico
frisch gemahlener Pfeffer
500 g Naturtofu
1 Knoblauchzehe
150 g Naturjoghurt
etwas abgeriebene Schale von 1 unbehandelten Zitrone, 4 Salatblätter
2 Möhren, etwas Sesam
4 Brötchen
Schnittlauchröllchen zum Garnieren

So wird's gemacht

1. Aubergine schälen. In ca. 0,5 Zentimeter dicke Scheiben schneiden, mit Salz bestreuen und kurz ziehen lassen. Gemüse waschen. Zucchini in Scheiben schneiden. Paprikaschote halbieren, putzen und in Streifen schneiden. Auberginenscheiben mit Küchenpapier trocken tupfen. Zwiebel schälen und in breite Ringe schneiden. Gemüse mit 2 Esslöffeln Öl einpinseln.

2. Für die Marinade Rosmarin waschen, trocken schütteln, und Nadeln fein hacken. Thymian waschen, trocken schütteln und Blättchen fein hacken. Mit Balsamico vermischen und mit Salz und Pfeffer würzen. Tofu mit restlichem Öl einpinseln. Knoblauch schälen, fein hacken und mit Joghurt, Zitronenschale und etwas Salz vermischen. Salatblätter waschen und trocken schütteln. Möhren schälen und in feine Stifte schneiden.

3. Gemüse ca. 8–10 Minuten grillen, dabei immer mit Marinade bepinseln. Tofu ca. 3 Minuten auf dem Grill von jeder Seite anrösten und mit Sesam bestreuen. Brötchen aufschneiden und mit den Schnittflächen nach unten kurz anrösten. Untere Hälften mit Joghurtsoße bestreichen und mit Salat, Möhren, Tofu und Gemüse belegen. Mit Schnittlauchröllchen bestreuen und obere Hälfte aufsetzen.

SCHAFSKÄSE-BURGER „GREEK STYLE“

Für 1 Port. | Zubereitung: ca. 25 Min.

Schafskäse vom Grill ist ein geschmacksintensives Highlight, das auch noch ruckzuck zubereitet ist.

Zutaten

1 kleine Tomate
1/2 Zwiebel
1 Scheibe Schafskäse
frisch gemahlener Pfeffer
Olivenöl
einige Salatblätter
1 Vollkornbrötchen

So wird's gemacht

1. Tomaten waschen, vom Stielansatz befreien und in Scheiben schneiden. Zwiebel schälen und in Ringe schneiden.

2. Schafskäse mit Tomatenscheiben und Zwiebelringen auf ein Stück Grillfolie legen. Mit Pfeffer würzen und mit einigen Tropfen Olivenöl beträufeln. Zu einem Päckchen falten und ca. 10–15 Minuten auf den heißen Grill legen.

3. Salatblätter waschen und trocken schütteln. Brötchen aufschneiden, kurz mit der Schnittfläche nach unten auf dem Grill anrösten und mit Salat, Schafskäse und Gemüse belegen.

DER SOSSEN KRÖNUNG

CRANBERRY-SOSSE

Für 4 Port. | Zubereitung: ca. 30 Min.

Zutaten

200 g Cranberrys (frisch oder TK-Produkt)
150 g brauner Zucker
1 EL Salz
1 Sternanis
1 EL Essig
1/4 TL Garam Masala (indische Gewürzmischung)
1/2 TL Senfpulver
Ketchup

So wird's gemacht

1. Frische Cranberrys waschen, tiefgefrorene auftauen lassen. In einen kleinen Topf geben, mit Zucker, Salz, Sternanis, Essig und 150 Millilitern Wasser aufkochen. Bei kleiner Hitze ca. 15 – 20 Minuten köcheln lassen, bis die Beeren zerfallen sind.

2. Anis herausnehmen. Garam Masala und Senfpulver zugeben, mit dem Stabmixer pürieren. Ketchup, mit etwas Wasser verdünnt, zugeben, mit Essig und Salz abschmecken.

THOUSAND ISLAND SAUCE

Für 4 Port. | Zubereitung: 15 Min. + Ruhezeit

So wird's gemacht

1. Zwiebel schälen und sehr fein hacken. Mayonnaise, Ketchup, Essig, Puderzucker, Saft von süßen Pickles und Zwiebel in eine Schüssel geben und gut verrühren.

2. 2 Esslöffel Wasser zugeben, um eine dünnere Konsistenz zu erhalten. Mit Salz und Pfeffer abschmecken.

3. Schüssel abdecken, mindestens 1 Stunde in den Kühlschrank stellen und ruhen lassen.

Zutaten

1/2 Zwiebel
150 g Mayonnaise
3 EL Ketchup
2 TL Essig
1 EL Puderzucker
1 EL süßer Picklessaft (Glas)
1/4 EL Salz
frisch gemahlener Pfeffer

RED-HOT TOMATO SAUCE

Für 4 Port. | Zubereitung: 30 Min. + Ruhezeit

Zutaten

2 Zwiebeln
1 EL Öl
4 EL Tomatenmark
150 g passierte Tomaten (Tetrapack)
1/2 kleine Zitrone
2 EL Sojasoße
1 1/2 EL Honig
1/2 TL Sambal Oelek
Salz

So wird's gemacht

1. Zwiebeln schälen und fein hacken. Öl in einem kleinen Topf erhitzen, Zwiebeln darin glasig dünsten.

2. Tomatenmark und passierte Tomaten zugeben und erhitzen. Bei kleiner Hitze zugedeckt ca. 15 Minuten köcheln lassen.

3. Zitrone auspressen. Sojasoße, Honig und Sambal Oelek unter die Tomaten rühren. Mit Salz und Zitronensaft abschmecken. Ca. 20 Minuten abkühlen lassen und bis zur Verwendung zugedeckt kühl stellen.

PESTO GENOVESE

Für 2 Port. | Zubereitung: ca. 15 Min.

Zutaten

15 g Pinienkerne
1 Knoblauchzehe
1 Bund Basilikum
30 g Parmesan
8 EL Olivenöl
Salz, frisch gemahlener Pfeffer

So wird's gemacht

1. Pinienkerne in einer Pfanne ohne Fett goldbraun rösten. Abkühlen lassen und grob hacken.

2. Knoblauchzehe schälen und grob hacken. Basilikum waschen, trocken schütteln und Blätter grob hacken. Parmesan reiben.

3. Pinienkerne, Knoblauch, Basilikum, Parmesan, Öl, Salz und Pfeffer in eine Schüssel geben und mit dem Stabmixer pürieren.

BALSAMICO-DATTEL-SOSSE

Für 4 Port. | Zubereitung: ca. 1 Std.

Zutaten

20 g Pinienkerne
10 kleine Schalotten
125 ml Gemüsebrühe
6 Datteln, 8 EL Balsamico
1 TL Speisestärke
Salz, frisch gemahlener Pfeffer

So wird's gemacht

1. Pinienkerne in einer Pfanne ohne Fett goldbraun rösten. Abkühlen lassen und grob hacken.

2. Schalotten schälen, dabei Wurzelansätze nicht abschneiden. Schalotten halbieren, in einen kleinen Topf geben, mit Gemüsebrühe aufgießen und erhitzen. Zugedeckt ca. 20 Minuten bei kleiner Hitze köcheln lassen, ab und zu umrühren.

3. Datteln entkernen und in Streifen schneiden. Balsamico mit Stärke verrühren. Datteln und Balsamico zu den Zwiebeln geben und aufkochen.

4. Soße ca. 30 Minuten abkühlen lassen. Mit Salz und Pfeffer abschmecken. Mit Pinienkernen bestreuen.

SPICY PEANUT SAUCE

Für 4 Port. | Zubereitung: ca. 20 Min.

So wird's gemacht

1. Chilischote waschen, halbieren, Kerne und Scheidewände entfernen. Chili fein hacken. 150 Milliliter Wasser aufkochen, Chili und Erdnussbutter zugeben. Erdnussbutter unter Rühren auflösen. Vom Herd nehmen.

2. Ingwer schälen, vierteln und mit der Knoblauchpresse zu Saft pressen. Zur Erdnusscreme zufügen.

3. Limette auspressen. Limettensaft und Ahornsirup unterrühren.

Zutaten

1 kleine rote Chilischote
200 g Erdnussbutter (Glas)
1 Stück frischer Ingwer (ca. 2 cm)
1/2 Limette
50 ml Ahornsirup

HOT CHILI SAUCE

Für 4 Port. | Zubereitung: 1 Std. + Ruhezeit

Zutaten

2 gehäutete Tomaten
1 Zwiebel
1 Knoblauchzehe
1 Chilischote
1 Stück frischer Ingwer (ca. 3–4 cm)
2 EL Apfelessig
1 EL Honig
1 Lorbeerblatt
2 Nelken
Salz
frisch gemahlener Pfeffer

So wird's gemacht

1. Tomaten würfeln. Zwiebel und Knoblauch schälen und fein hacken. Chili waschen und entkernen. Chili fein hacken. Ingwer schälen und fein würfeln.

2. Tomaten, Zwiebel, Knoblauch, Chili und Ingwer in einen Topf geben. Apfelessig und Honig zufügen. Mit Lorbeer, Nelken, Salz und Pfeffer würzen. Kurz aufkochen. Bei mittlerer Temperatur mindestens 45 Minuten unbedeckt köcheln lassen und zu einer dickflüssigen Soße einreduzieren. Hin und wieder umrühren. Lorbeer und Nelken herausnehmen. Abkühlen lassen, mindestens 2–3 Stunden ziehen lassen.

MEERRETTICH-SOUR-CREAM-SOSSE

Für 4 Port. | Zubereitung: ca. 15 Min.

So wird's gemacht

1. Meerrettich schälen, fein raspeln und mit Zitronensaft mischen.

2. Frischkäse mit Sour Cream und Milch cremig rühren. Meerrettich unterrühren. Mit weißem Pfeffer und Salz abschmecken.

Zutaten

30 g frischer Meerrettich
1 TL Zitronensaft
100 g Frischkäse
200 g Sour Cream (oder saure Sahne)
1 EL Milch
weißer Pfeffer, Salz

DAZU SCHMECKT'S AM BESTEN.

BEILAGEN UND SALATE

CHEESE FRIES MIT BACON

Für 4 Port. | Zubereitung: ca. 1 Std.

Zutaten

800 g Kartoffeln
65 g Hartkäse
(z. B. Cheddar)
1 TL Öl, Salz
frisch gemahlener Pfeffer
12 Scheiben Bacon

So wird's gemacht

1. Backofen auf 200 °C (Umluft: 180 °C) vorheizen. Kartoffeln schälen und in ca. 1–2 Zentimeter dicke Stifte schneiden. Käse reiben. Backblech mit Backpapier auslegen und mit Öl einfetten. Kartoffeln auf dem Blech verteilen, mit Salz und Pfeffer würzen. Im vorgeheizten Backofen ca. 40 Minuten goldbraun backen.

2. Bacon in einer Pfanne ohne Fett knusprig braten. Aus der Pfanne nehmen, auf einem Küchenpapier abtropfen lassen und zerbröseln. Kartoffeln mit Käse bestreuen und ca. 5 weitere Minuten backen, bis der Käse geschmolzen ist. Aus dem Ofen nehmen und mit Bacon bestreuen.

CHILI POTATO WEDGES

Für 4 Port. | Zubereitung: ca. 50 Min.

Zutaten

1 kg festkochende Kartoffeln, Salz
1–2 Chilischoten
1/4 TL Zimt
1/2 TL Zucker
getrocknete Kräuter
3 EL Olivenöl

So wird's gemacht

1. Kartoffeln waschen, Schale abbürsten, vierteln, mit Schale in Salzwasser gar kochen und abgießen. Backofen auf 220 °C (Umluft: 200 °C) vorheizen.

2. Chilischoten waschen, halbieren, Kerne und Scheidewände entfernen. Chili fein hacken. Chili, Zimt, Zucker, 1 Teelöffel Salz, Kräuter und Öl verrühren. Mit den Kartoffeln vermengen. Kartoffeln in einer Auflaufform im vorgeheizten Backofen ca. 25 Minuten backen.

SÜSSKARTOFFELCHIPS „SALT & VINEGAR"

Für 2 Port. | Zubereitung: 45 Min. + Ruhezeit

Zutaten

450 g Süßkartoffeln
80 ml Essig
2 EL Olivenöl
2 TL Salz

So wird's gemacht

1. Backofen auf 190 °C (Umluft: 170 °C) vorheizen. Kartoffeln waschen, Schale abbürsten. Kartoffeln in dünne Scheiben hobeln.

2. Essig, Öl und Salz in eine Schüssel geben, verrühren und mit den Kartoffeln vermengen. Ca. 15 Minuten ziehen lassen.

3. Backblech mit Backpapier auslegen. Kartoffeln auf dem Blech verteilen, im vorgeheizten Backofen ca. 15–20 Minuten backen. Kartoffeln wenden und weitere ca. 15–20 Minuten backen.

KNACKIGE ROTE-BETE-CHIPS

Für 2 Port. | Zubereitung: ca. 1 Std.

So wird's gemacht

1. Backofen auf 130 °C (Umluft: 110 °C) vorheizen. Rote Bete schälen und in dünne Scheiben hobeln.

2. Öl und Salz in eine Schüssel geben, verrühren und mit der Roten Bete vermengen.

3. Backblech mit Backpapier auslegen. Rote Bete auf dem Blech verteilen, im vorgeheizten Backofen ca. 50 Minuten backen. Ab und zu die Backofentür öffnen, damit Dampf entweichen kann.

Zutaten

400 g Rote Bete
1 EL Olivenöl
1 TL Salz

ONION RINGS

Für 8 Port. | Zubereitung: ca. 30 Min.

Zutaten

4 Zwiebeln, Öl
1 1/2 Tassen Mehl und etwas Mehl zum Bestäuben
1/2 TL Backpulver
2 Eier, 1 Tasse Sahne
2 Tassen Paniermehl
Salz, frisch gemahlener Pfeffer

So wird's gemacht

1. Zwiebeln schälen und in dicke Ringe schneiden. Öl in einem großen Topf auf ca. 190 °C erhitzen.

2. Mehl mit Backpulver mischen. Eier und Sahne verschlagen. Paniermehl mit Salz und Pfeffer würzen und auf einen flachen Teller geben.

3. Zwiebelringe mit Mehl bestäuben, in die Eiersahne tauchen und im Paniermehl wenden. Goldbraun frittieren.

AVOCADO WEDGES
MIT DIP

Für 4 Port. | Zubereitung: ca. 30 Min.

So wird's gemacht

1. Avocados halbieren, Stein entfernen, Fruchtfleisch mit einem Esslöffel vorsichtig und am Stück aus der Schale lösen. Avocadohälften längs in Spalten schneiden, mit Zitronensaft beträufeln.

2. Mehl auf einen flachen Teller geben. In einer Schüssel Eier verschlagen. Koriander waschen, trocken schütteln, Blättchen abzupfen und fein hacken. Koriander in eine zweite Schüssel geben und mit Paniermehl mischen. Öl in einem großen Topf auf ca. 160 °C erhitzen.

3. Avocado in Mehl, Eiern und Paniermehl wenden. Goldbraun frittieren. Auf einem Küchenpapier abtropfen lassen und mit Salz würzen.

4. Für den Dip Ingwer schälen und reiben. Von der Limette Schale abreiben, Limette auspressen. Chilisoße, Ingwer, Limettensaft und -schale mischen.

Zutaten

2 reife Avocados
1 EL Zitronensaft
30 g Mehl
2 Eier
1/2 Bund Koriandergrün
50 g Paniermehl
500 ml Öl
Salz
1 Stück frischer Ingwer (ca. 2 cm)
1/2 unbehandelte Limette
100 ml süß-scharfe Chilisoße

COWBOY-SALAT

Für 3 Port. | Zubereitung: ca. 30 Min.

Zutaten

1 Eisbergsalat
1 Tomate
200 g Kidneybohnen (Dose)
3 EL Olivenöl (z. B. von Bertolli)
200 g Rinderhackfleisch
Salz
frisch gemahlener Pfeffer
2 Beutel Paprika-Kräutermischung (z. B. von Knorr)
8 EL Tomatensaft
40 g Tortillachips

So wird's gemacht

1. Salat waschen, trocken schleudern und zerpflücken. Tomate waschen, vom Stielansatz befreien und achteln. Kidneybohnen abtropfen lassen, mit Salat und Tomate auf einer Platte anrichten.

2. 1 Esslöffel Öl erhitzen, Fleisch darin krümelig braten. Mit Salz und Pfeffer würzen und zum Salat geben. Paprika-Kräuter mit Tomatensaft und übrigem Öl verrühren, über den Salat geben. Mit Tortillachips garnieren.

AMERICAN WALDORF SALAD

Für 4 Port. | Zubereitung: 30 Min. + Ruhezeit

So wird's gemacht

1. Sellerie putzen, waschen und in feine Scheiben schneiden. Zwiebel schälen und fein würfeln. Äpfel waschen, vierteln, vom Kerngehäuse befreien und in feine Stifte hobeln. Zitrone auspressen und über die Apfelstifte geben.

2. Sellerie, Zwiebel, Rosinen und Äpfel in eine Schüssel geben. Walnüsse hacken, mit Mayonnaise, Balsamico, Salz und Pfeffer mischen. Über Sellerie, Zwiebel, Rosinen und Äpfel verteilen, gut mischen. Salat ca. 30 Minuten ziehen lassen.

Zutaten

2 Stangen Staudensellerie
1 Zwiebel, 2 Äpfel
1/2 Zitrone, 30 g Rosinen
50 g Walnüsse
120 g Mayonnaise
3 EL weißer Balsamico
Salz, frisch gemahlener Pfeffer

TOMATENSALAT

Für 4 Port. | Zubereitung: ca. 30 Min.

Zutaten

500 g Tomaten
1 Handvoll Petersilie
2 Zwiebeln
3 EL Pflanzenöl
2 Beutel Balsamico-Kräutermischung (z. B. von Knorr)
1–2 TL Honig
Salz
frisch gemahlener Pfeffer

So wird's gemacht

1. Tomaten waschen, vom Stielansatz befreien, in Scheiben schneiden und auf einer Platte anrichten. Petersilie waschen, trocken schütteln und Blättchen abzupfen.

2. Zwiebeln schälen und in dünne Spalten schneiden. Öl in einer Pfanne erhitzen und Zwiebeln bissfest dünsten. 125 Milliliter Wasser und Balsamico-Kräuter zugeben. Mit Honig, Salz und Pfeffer abschmecken und abkühlen lassen. Zwiebeln auf den Tomaten verteilen, mit Petersilienblättchen garnieren.

MAISSALAT
MIT HÄHNCHENBRUST

Für 4 Port. | Zubereitung: 20 Min. + Ruhezeit

So wird's gemacht

1. Mais abtropfen lassen. Zwiebeln schälen und in feine Ringe schneiden. Hähnchenbrustscheiben und Käse in Stifte schneiden.

2. Zwiebel-Kräuter mit Öl, Senf und 100 Millilitern Wasser in einer Schüssel verrühren. Mais, Zwiebeln, Hähnchenbrust und Käse unterheben. Ca. 10 Minuten ziehen lassen.

3. Sprossen waschen, abtropfen lassen und vor dem Servieren auf dem Maissalat verteilen.

Zutaten

1 Dose Mais (Abtropfgewicht 285 g)
1–2 rote Zwiebeln
150 g Hähnchenbrustaufschnitt
1 dicke Scheibe Butterkäse (ca. 75 g)
1 Beutel Zwiebel-Kräutermischung (z. B. von Knorr)
1 EL Rapsöl
1 EL mittelscharfer Senf
50 g Sprossen (z. B. Alfalfa)

REGISTER

IMPRESSUM

www.otus.ch
ISBN: 978-3-03793-617-7

Komplettproducing: twinbooks, München (Melanie Goldmann, Eva Hutter)
Text und Redaktion: Linda Freutel, Jana Lösch, Beate Martin, Gesa Scheziat für twinbooks, München

Text- und Bildquellen:
2: Alena Haurylik/shutterstock.com; 5: Sebastiana/shutterstock.com; 6: Natasha Breen/shutterstock.com; 7: Tyler Olson/shutterstock.com; 8: Joshua Resnick/shutterstock.com; 10: Melnikov Sergey/shutterstock.com; 11: Elena Veselova/shutterstock.com; 12: Africa Studio/shutterstock.com; 14: istetiana/shutterstock.com; 16: Shebeko/shutterstock.com; 17: sarsmis/shutterstock.com; 18: casanisa/shutterstock.com; 19: AVN Photo Lab/shutterstock.com; 20: Semioshina Olga/shutterstock.com; 22: Kiian Oksana/shutterstock.com; 23: Sergey Fatin/shutterstock.com; 25: Melnikov Sergey/shutterstock.com; 26 o.: Magdanatka/shutterstock.com; 26 M. o.: Liliya Kandrashevich/shutterstock.com; 26 M. u.: stockcreations/shutterstock.com; 26 u.: Joshua Resnick/ shutterstock.com; 27: Fleming Photography/shutterstock.com; 29: Creative Photo Corner/shutterstock.com; 30: Shebeko/shutterstock.com; 32 Natasha Breen/shutterstock.com; 35: Joshua Resnick/shutterstock.com; 39: Liliya Kandrashevich/shutterstock.com; 41: stockcreations/shutterstock.com; 42: DwaFotografy/shutterstock. com; 45: Magdanatka/shutterstock.com; 47: casanisa/shutterstock.com; 48: Brent Hofacker/shutterstock.com; 51: stockcreations/shutterstock.com; 52: Magdanatka/shutterstock.com; 55: stockcreations/shutterstock.com; 56: Stepanek Photography/shutterstock.com; 58 o.: Magdanatka/shutterstock.com; 58 M. o.: D and J food-styling/shutterstock.com; 58 M. u.: casanisa/shutterstock.com; 58 u.: sarsmis/shutterstock.com; 59: casanisa/ shutterstock.com; 61: casanisa/shutterstock.com; 62: Lukas Hejtman/shutterstock.com; 64: sarsmis/shutter-stock.com; 67: contrse/shutterstock.com; 69: D and J foodstyling/shutterstock.com; 72: Brent Hofacker/shut-terstock.com; 75: sarsmis/shutterstock.com; 76: Magdanatka/shutterstock.com; 79: sarsmis/shutterstock.com; 80: Timolina/shutterstock.com; 84 o.: zi3000/shutterstock.com; 84 M. o.: stockcreations/shutterstock.com; 84 M. u.: Olga Miltsova/shutterstock.com; 84 u.: Ievgeniia Maslovska/shutterstock.com; 85: Gaus Nataliya/ shutterstock.com; 86: casanisa/shutterstock.com; 89: zi3000/shutterstock.com; 90: zi3000/shutterstock.com; 92: Brent Hofacker/shutterstock.com; 95: Elena Veselova/shutterstock.com; 99: stockcreations/shutterstock. com; 101: Olga Miltsova/shutterstock.com; 102: Ievgeniia Maslovska/shutterstock.com; 106/107: Knorr; 108: zi3000/shutterstock.com; 111: Magr/shutterstock.com; 112 o.: Gayvoronskaya_Yana/shutterstock.com; 112 M. o.: Liliya Kandrashevich/shutterstock.com; 112 M. u.: Malivan_Iuliia/shutterstock.com; 112 u.: HandmadePictu-res/shutterstock.com; 113: Foxy's Forest Manufacture/shutterstock.com; 114: Malivan_Iuliia/shutterstock.com; 115: Maksim Fesenko/shutterstock.com; 116: HandmadePictures/shutterstock.com; 117: Liliya Kandrashevich/ shutterstock.com; 118: JOAT/shutterstock.com; 119: Gayvoronskaya_Yana/shutterstock.com; 120: Gayvorons-kaya_Yana/shutterstock.com; 121: Fotosr52/shutterstock.com; 122 o.: Brent Hofacker/shutterstock.com; 122 M. o., M. u.: Knorr; 122 u.: Dmytro Mykhailov/shutterstock.com; 123: Joshua Resnick/shutterstock.com; 124: Brent Hofacker/shutterstock.com; 125: Dmytro Mykhailov/shutterstock.com; 126: istetiana/shutterstock. com; 127: Brent Hofacker/shutterstock.com; 128: Brent Hofacker/shutterstock.com; 130: Knorr; 131: Marina Pousheva/shutterstock.com; 132: Knorr; 133: Knorr; Abbildungen Cover: siehe Innenteil